PÉRIODE ÉLÉMENTAIRE

COURS D'ÉDUCATION
ET D'INSTRUCTION

PAR

Mme MARIE PAPE-CARPANTIER

AVEC LA COLLABORATION

DE PROFESSEURS DE LETTRES ET DE SCIENCES

HISTOIRE NATURELLE

CINQUIÈME ÉDITION

PARIS

LIBRAIRIE HACHETTE ET Cie

79, BOULEVARD SAINT-GERMAIN, 79

HISTOIRE NATURELLE

AUTRES OUVRAGES DE Mme PAPE-CARPANTIER

Zoologie, *histoires et leçons explicatives* destinées aux écoles, aux salles d'asile et aux familles; nouvelle édition, illustrée de nombreuses gravures. 5 volumes grand in-18, brochés :

Les trois premiers volumes se vendent 1 franc 25 centimes chacun; le 4e volume, 1 fr. 50 c., et le 5e volume, 2 francs.

Une série de 10 grandes images en chromolithographie correspond à chaque volume et se vend 5 francs.

Histoire du blé, *histoires et leçons explicatives*; 2e édition. 1 vol. grand in-18, avec 62 vignettes dans le texte, cartonné, 1 fr.

Six grandes images en chromolithographie correspondent à ce volume et se vendent 3 fr. 50 c.

Histoires et leçons de choses, pour les enfants; nouvelle édition. 1 volume in-16, avec 85 vignettes dans le texte, broché, 2 fr. 25 c.

Ouvrage couronné par l'Académie française.

Lectures et travail, pour les enfants et les mères; 3e édition. 1 vol. in-16, avec 124 vignettes dans le texte, cart., 1 fr. 25 c.

Ouvrage couronné par la Société pour l'Instruction élémentaire.

Conseils sur la direction des salles d'asile; 4e édition. 1 vol. grand in-18, broché, 1 fr. 50 c.

Ouvrage couronné par l'Académie française.

Enseignement pratique dans les salles d'asile, ou premières leçons à donner aux petits enfants, suivies de chansons et de jeux pour les récréations de l'enfance; 6e édition. 1 vol. in-8, avec planches, broché, 6 fr.

Ouvrage couronné par l'Académie française.

Jeux gymnastiques, avec chants, pour les enfants des salles d'asile; 2e édition. 1 vol. in-8, avec musique et gravures, 2 fr.

Nouveau syllabaire des salles d'asile. 32 tableaux de 50 centimètres de hauteur sur 32 centimètres de largeur, avec un manuel grand in-18, 3 fr. 50 c.

Le collage des 32 tableaux sur 16 cartons se paye en sus, 4 francs.
On vend séparément: Chacun des 32 tableaux, 15 centimes.
Le manuel, contenant la matière de 32 tableaux reproduits dans le format grand in-18, 25 centimes.

Le dessin expliqué par la nature; 2e édition. 1 vol. in-16, avec 59 figures dans le texte, broché, 2 fr. 50 c.

Une boîte de solides correspondant au volume se vend séparément.

1254. — Imprimerie A. Lahure, rue de Fleurus, 9, à Paris.

COURS D'ÉDUCATION ET D'INSTRUCTION
PÉRIODE ÉLÉMENTAIRE

HISTOIRE NATURELLE

PAR

Mme MARIE PAPE-CARPANTIER
AVEC LA COLLABORATION
D'UN PROFESSEUR LICENCIÉ ÈS SCIENCES

QUATRIÈME ÉDITION

PARIS
LIBRAIRIE HACHETTE ET Cie
79, BOULEVARD SAINT-GERMAIN, 79

1880

HISTOIRE NATURELLE

RÈGNE ANIMAL.

LA VIE ANIMALE.

Organisation des animaux. — Leur intelligence.

Vous savez déjà, mes enfants, plus d'un fait vous l'a prouvé, que les animaux ne sont pas de simples machines : ils sont sensibles comme nous, ils se meuvent et agissent suivant leur instinct, comme nous suivant notre intelligence.

Qui de vous n'a entendu parler de l'attachement du chien pour son maître? Comme le chien, mais plus ou moins selon son espèce, tout animal est capable de comprendre certaines choses. Un animal a de la mémoire, il se souvient de ce qu'il a vu, du bien ou du mal qu'on lui a fait; il est capable de recevoir une certaine éducation, il sait ce qu'on lui a appris ou ce que son expérience lui a fait remarquer. L'animal a des volontés, parfois même très obstinées; et il sait trouver des moyens pour faire ce qu'il veut. Enfin l'animal est sensible; non-seulement il souffre si on le maltraite, mais il est capable d'éprouver de la joie ou du chagrin. Il est aussi capable d'aimer: toutes les mères, même dans les espèces les plus féroces, aiment leurs petits. Grand nombre d'animaux sont capables d'attachement, de dévouement même, pour l'homme qui les protège et leur donne des soins.

Pour être capable de comprendre, de vouloir et d'aimer, il faut que l'animal possède une certaine intelligence. Il n'est pas besoin de vous dire combien cette intelligence de l'animal est au-dessous de l'intelligence de l'homme. Elle n'est, pour ainsi dire, que l'*ombre* de la nôtre. L'animal ne peut comprendre qu'un petit nombre de choses, et de choses très simples; encore il les comprend à sa manière, qui est une manière très bornée.

L'intelligence de l'homme est semblable à une belle et vive lumiere qui nous éclaire comme un beau jour; l'intelligence des animaux est semblable à une petite lueur qui leur permet seulement de distinguer le chemin où ils marchent. L'intelligence des animaux est souvent appelée *instinct*. Ce mot n'est peut-être pas tout à fait exact ; nous vous expliquerons plus tard ce que c'est positivement qu'un *instinct*.

QUESTIONNAIRE.

L'animal est-il capable de comprendre certaines choses ? — A-t-il de la mémoire ? — Est-il capable de recevoir une certaine éducation ?

Manifeste-t-il certaines volontés ?

L'animal est-il sensible ? — Est-il capable d'attachement ?

L'animal possède-t-il une certaine somme d'intelligence ?

Par quel mot désigne-t-on parfois l'intelligence des animaux ?

Rappeler une comparaison destinée à faire sentir la différence qui existe entre l'intelligence supérieure de l'homme et l'instinct borné de l'animal.

Organes des animaux.

Puisqu'un animal est capable de sentir et jusqu'à un certain point de comprendre, il faut n'est-ce pas, qu'il ait connaissance de ce qui se passe autour de lui, ne fût-ce que pour chercher sa nourriture et éviter les dangers. Il faut qu'il puisse, comme nous, voir les objets, entendre les sons, sentir les odeurs, goûter ses aliments, toucher ce qu'il veut saisir ; en un mot qu'il ait des sensations, et par conséquent des *organes des sens.*

Puisque l'animal éprouve des besoins et qu'il est capable de vouloir, il faut qu'il puisse agir suivant ses volontés et ses besoins; par conséquent qu'il puisse se mouvoir; donc il lui faut comme à nous des *organes de mouvement.*

Enfin, puisque la vie de l'animal doit être entretenue, il faut qu'il mange, digère, respire; il lui faut comme à nous des *organes de nutrition.*

Tous les animaux ont donc des organes appropriés à la manière de vivre de leur espèce, et disposés suivant les fonctions qu'ils ont à remplir. Les espèces étant très-différentes les unes des autres, les organes et leurs fonctions sont très différents aussi, parce qu'ils sont toujours en rapport avec le degré d'*intelligence de l'animal.*

Ainsi le chien est un des animaux qui possèdent la plus grande part de cette intelligence animale; un oiseau en a moins qu'un chien; un poisson moins qu'un oiseau. Et que dirions-nous de l'intelligence du ver de terre, qui ne sait que se creuser un trou et y enfouir des feuilles mortes; de celle de l'huître collée au rocher, qui ne sait, pour subvenir à ses besoins, qu'ouvrir et fermer sa coquille ! L'huître pourtant, comme tout autre animal, a une part d'intelligence suffisante à son existence. Elle sait, par exemple, choisir sa nourriture, et éviter certains dangers. Dieu a mis bien des degrés entre les animaux les plus intelligents et ceux qui le sont le moins, mais il les a tous doués de ce qui est nécessaire à leur genre d'existence.

Les animaux qui ont le plus d'intelligence, et possèdent les organes les plus parfaits, sont appelés : *animaux supérieurs*. Ceux qui ont moins d'intelligence, et ne possèdent que des organes moins perfectionnés, sont appelés : *animaux inférieurs*.

Cette année nous passerons rapidement en revue les différentes espèces d'animaux. Nous remarquerons comment les organes sont appropriés aux fonctions, et nous observerons la manière de vivre de beaucoup d'animaux dont la plupart vous sont déjà connus, au moins par les yeux.

QUESTIONNAIRE.

L'animal a-t-il des *organes de sensation ?* A-t-il des *organes de mouvement ?* — De *nutrition ?*

Toutes les espèces d'animaux ont-elles le même degré d'intelligence ?

Ceux qui ont le plus d'intelligence sont-ils aussi les mieux *organisés* ? — Que signifie le mot organisé ?

Qu'appelle-t-on un animal *supérieur?* — Citez-en des exemples.

Qu'est-ce qu'un animal *inférieur ?* — Citez-en des exemples.

DIVISION EN BRANCHES ET CLASSES.

BRANCHE DES VERTÉBRÉS.

On distribue toutes les espèces d'animaux en cinq branches, suivant la structure de leur corps. Vous allez comprendre cette division.

Remarquons tout d'abord, mes enfants, que beaucoup d'animaux, tels que les bœufs, les oiseaux, les poissons, les lézards, ont, comme nous, la chair soutenue par des os formant à l'intérieur de leur corps une charpente osseuse [1] : cette charpente osseuse s'appelle, pour l'homme comme pour les animaux, un *squelette.* Les principales pièces du squelette étant celles qu'on appelle *les vertèbres*, on appelle l'ensemble des

1. Voyez *Notions d'hygiène*, période élémentaire.

animaux qui ont un squelette : branche des *animaux vertébrés*, c'est-à-dire : pourvus de vertèbres.

Voyons maintenant en combien de classes d'animaux se divise la branche des vertébrés.

Tout d'abord les *mammifères*, ou animaux qui allaitent leurs petits. Vous savez fort bien que les mammifères ont des os, puisque vous en trouvez dans la viande des animaux de cette classe, les bœufs, les moutons, dont vous mangez la chair.

Nous pouvons en dire autant des *oiseaux* : vous avez mangé à coup sûr du poulet, du pigeon, et vous avez trouvé dans leur chair de petits os creux et légers.

Les lézards et les serpents, qui sont des *reptiles ;* les crapauds et les grenouilles qui sont des *batraciens*, ont aussi un squelette proportionné à leur taille.

Et les poissons, n'ont-ils pas des arêtes?... Ces arêtes, ce sont les os des poissons. Ils sont plus minces, plus flexibles il est vrai que les os des mammifères, mais ce sont bien des os; et l'ensemble des arêtes d'un poisson forme bien une charpente osseuse, c'est-à-dire un squelette. Quand vous mangerez du poisson, remarquez ce squelette, formé d'une *colonne vertébrale* s'étendant depuis la tête jusqu'à la queue, et d'où partent, de chaque côté, deux rangées d'arêtes longues et aiguës qui sont les côtes du poisson. Donc les poissons doivent être mis au nombre des animaux vertébrés.

Au-dessous des poissons il n'y a plus d'animaux pourvus d'un squelette; disons donc, pour nous résumer, que la branche des vertébrés contient cinq classes, qui sont :

1° La classe des mammifères;
2° La classe des oiseaux;
3° La classe des reptiles;
4° La classe des batraciens;
5° La classe des poissons.

Cette branche, vous le voyez, contient les animaux les plus grands et les mieux organisés; c'est pourquoi on dit que l'embranchement des vertébrés est le plus important de tous les groupes d'animaux.

QUESTIONNAIRE.

Comment nomme-t-on les animaux pourvus d'un *squelette?* — Pourquoi leur donne-t-on le nom de *vertébrés?*
Les poissons ont-ils des *vertèbres?*

Comment nomme-t-on les os des poissons? — En quoi les *arêtes* diffèrent-elles des os des mammifères?

Quelles sont les classes d'animaux qui forment la grande division ou branche des *vertébrés*?

CLASSE DES MAMMIFÈRES.

Caractères généraux.

Vous savez déjà, mes enfants, que tous les animaux qui allaitent leurs petits sont appelés des mammifères. Vous savez que les mammifères ont un squelette, des vertèbres; et que leurs os sont articulés de manière à pouvoir se prêter au mouvement; enfin, que sur leur os sont fixés des muscles de chair qui donnent le mouvement à leur corps et à tous leurs membres.

Les mammifères ont un estomac et des intestins pour digérer; des poumons pour respirer; leur sang est rouge, et formé par le chyle, comme le nôtre; il circule à travers le cœur et les poumons, les artères et les veines, de la même manière que le nôtre.

Enfin ils ont comme nous, au dedans de leur corps, un foyer de chaleur naturelle.

La plupart des animaux mammifères vivent

sur la terre ; mais il y en a quelques espèces qui vivent dans les eaux.

On appelle les premiers : *mammifères marcheurs ;* et les seconds : *mammifères nageurs.* Nous avons déjà distingué plusieurs sortes ou *ordres* de mammifères; voyons ceux que vous connaissez déjà, puis nous passerons ensuite à ceux qui vous sont encore inconnus.

QUESTIONNAIRE.

Les mammifères ont-ils les os des membres articulés? — Ont-ils des muscles pour les faire mouvoir? — Ont-ils le sang rouge et chaud? — Leur sang circule-t-il à peu près comme le nôtre? — Les mammifères respirent-ils par des poumons? — Tous les mammifères vivent-ils sur la terre? — Comment divise-t-on d'abord la classe des mammifères?

I. Ordre des primates ou singes.

Commençons par les plus intelligents, les plus malins, et en même temps les plus laids de tous les animaux: les *singes.*

Les singes paraissent au premier abord avoir une certaine ressemblance avec les hommes. On dirait presque d'affreuses petites caricatures velues, noires, grimaçantes; d'autant plus laides à nos yeux que nous croyons leur trouver une certaine ressemblance avec nous.

Les singes marchent ordinairement sur leurs quatre pattes, mais ils peuvent facilement se tenir sur leurs deux pattes de derrière, s'asseoir, et se servir de leurs pattes de devant comme de bras. Intelligents pour des animaux, ils peuvent recevoir une certaine éducation. Ils se plaisent à imiter ce qu'ils nous voient faire. Vous entendrez raconter à ce sujet une foule d'histoires curieuses et bouffonnes.

A l'état sauvage, les singes vivent par troupes dans les forêts, où ils se nourrissent de fruits. Il faut donc qu'ils puissent grimper aux arbres pour cueillir leur nourriture. Pour cela leurs *organes de mouvement* sont disposés d'une manière toute spéciale. Leurs pattes, au lieu d'être terminées par des pieds capables seulement de marcher sur le sol, sont d'affreuses mains ridées, velues, et pourtant adroites. Leur pouce est séparé des autres doigts et *opposable*, c'est-à-dire pouvant se présenter en face des autres doigts de manière à saisir les objets [1]. Aussi, à l'aide de leurs quatre mains

1. Voyez *Hygiène*, période élémentaire, et *Manuel*.

les singes saisissent les branches et grimpent aux arbres avec une agilité surprenante.

Il y a différentes espèces de singes; tous

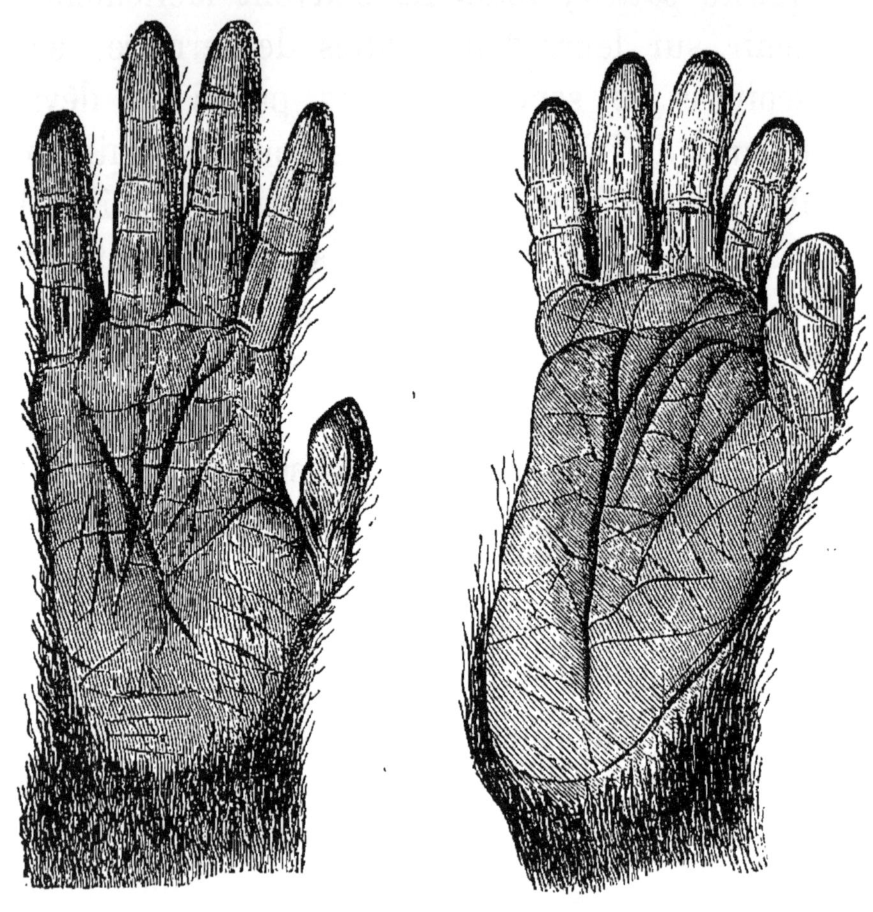

Mains de singe.

habitent les pays chauds. Les uns sont aussi grands, aussi forts, et quelquefois plus forts que des hommes. D'autres au contraire ont à peine la taille d'un petit chat. Les uns n'ont presque pas de queue; d'autres ont une queue longue, flexible et *prenante*. Avec l'extrémité de cette queue ils entourent les branches d'arbres, et se balancent en s'y tenant ainsi suspendus[1].

Les singes avec quelques autres espèces qui leur ressemblent sont appelés les *primates*, mot qui signifie : les premiers, c'est-à-dire les mieux organisés, et, malgré leur laideur, les *premiers* parmi les animaux.

QUESTIONNAIRE.

Quels sont les plus intelligents parmi les animaux?

Décrire l'aspect extérieur du singe.

Les singes marchent-ils habituellement sur quatre pieds? — Peuvent-ils cependant se tenir assez facilement sur deux pieds comme les hommes? — Sont-ils portés à imiter les mouvements et les gestes des hommes?

Quelle est la nourriture des singes? — Où la recueillent-ils?

Comment leurs pattes sont-elles faites? — Peuvent-elles toutes les quatre saisir les objets? — Comment le pouce de cette sorte de main est-il disposé pour saisir?

Y a-t-il des singes dépourvus de queue? — Qu'a de remarquable la queue de certaines autres espèces?

Quel nom donne-t-on à l'ordre qui renferme les singes et quelques autres espèces à peu près semblables? — Que signifie le mot : *primates*?

1. Pour les développements de l'histoire naturelle, voyez *Zoologie des écoles*, par Mme Pape-Carpantier.

II. Ordre des carnivores.

Rappelez-vous, chers enfants, les animaux qui se nourrissent de chair, les *carnivores* dont nous avons remarqué les canines parfois terribles, et les pattes armées de griffes. Comme les carnivores sont destinés non à grimper aux arbres, mais à saisir leur proie à la course, leurs organes sont disposés pour courir en même temps que pour saisir.

Elles sont nombreuses les familles des carnivores. Vous connaissez déjà les chiens, les loups et les renards de la *famille des chiens;* les chats, les lions et les tigres de la *famille des chats.* Ajoutez les léopards, les panthères, encore plus semblables au chat que le tigre; les ours qui habitent les montagnes, les sombres forêts de sapins; et les ours du pôle nord qui habitent les glaciers. Les ours, vous le savez, sont de grands animaux lents, lourds, couverts d'une épaisse toison de longs poils bruns, noirs ou blancs suivant leur espèce. Tous sauvages, farouches... *comme des ours !* le dicton ne ment pas.

Les ours sont des carnivores; mais ils aiment aussi beaucoup les fruits, le miel. Les ours blancs des pôles sont très friands de poissons.

Ours bruns d'Europe (carnivores).

Ils nagent admirablement ; sont très patients à guetter leur proie, et très adroits à la saisir.

Il y a d'autres espèces de carnivores communs dans nos campagnes, ce sont les *blaireaux*, les *martres*, les *belettes*, les *furets*. Ceux-là ont le corps allongé et fluet, le poil long et doux, mais ils sont extrêmement féroces malgré leur petite taille. Cachés le jour dans leurs terriers, ils rôdent la nuit autour des fermes, pénètrent dans les basses-cours, égorgent les lapins, les poulets, les pigeons ; et cherchent même à surprendre les oiseaux dans leurs nids.

QUESTIONNAIRE.

A quoi reconnaît-on les carnivores? — Rappelez plusieurs espèces de carnivores ressemblant au chat et au chien.

Décrivez l'ours. — Y a-t-il plusieurs espèces d'ours ? — Où vivent les ours bruns? — les ours blancs? — De quoi se nourrissent les ours blancs ?

Citez de petites espèces de carnivores. — Sont-ils très-féroces ? — Où se retirent ces animaux de proie ? — Sont-ils presque tous *nocturnes ?*

III. Ordre des ruminants.

Vous savez ce que signifie le nom de *ruminants*, donné à un certain ordre de mammifères qui contient le bœuf, le mouton, la chèvre, le cerf, et ce précieux coursier du désert le chameau. Ce qui caractérise le groupe des ruminants, c'est d'avoir l'estomac formé de quatre poches distinctes, d'où vient que l'on dit souvent, mais à tort, qu'ils ont quatre estomacs. L'herbe qu'ils avalent à peine broyée, descend

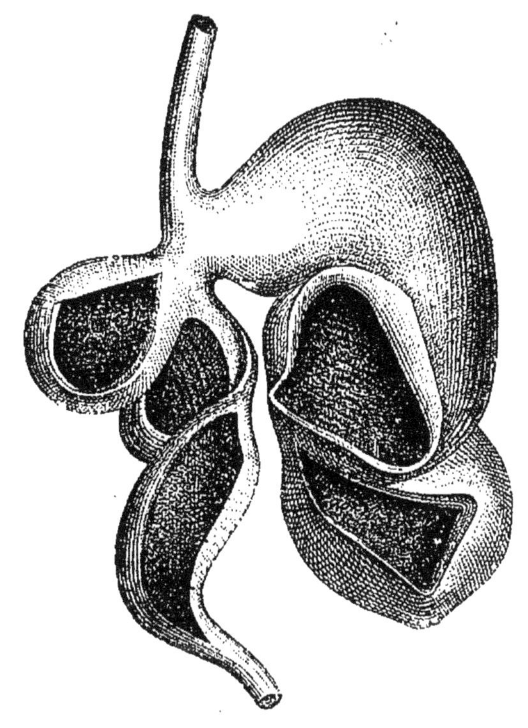

Estomac ouvert d'un ruminant.

d'abord dans la première poche de leur estomac; puis passe de la première dans la seconde où elle se divise en petites boulettes, et d'où l'animal la fait remonter dans sa bouche pour la *ruminer*, c'est-à-dire la mâcher une seconde fois, comme nous l'avons dit l'année dernière. La nourriture, plus finement broyée cette fois, redescend alors par l'œsophage, et va directement dans la troisième poche de l'estomac, puis dans la quatrième, où s'achève la digestion.

Les ruminants étant tous de paisibles herbivores, et n'ayant ni à cueillir leur nourriture dans les arbres comme les singes, ni à saisir leur proie comme les carnivores, n'ont pas besoin de longues mains flexibles, ni de griffes aiguës. Leurs pieds n'ayant pas d'autre fonction que de marcher, sont appropriés seulement à la marche. C'est pourquoi ils sont fourchus et chaussés de sabots de corne.

Il y a beaucoup d'autres ruminants que ceux que vous connaissez déjà. Ainsi les *chamois*, jolis animaux de la taille d'une chèvre, qui vivent sur les hautes montagnes, où ils bondissent de rocher en rocher. Les *gazelles*, extrêmement vives et gracieuses, qui habitent les climats chauds de l'Asie et de l'Afrique. Les *bisons* et les *buffles*, espèces de grands bœufs sauvages qui habitent l'Amérique. Tous ces ruminants, les chamois, les gazelles, les bisons, les buffles, ont, comme les bœufs, la tête armée d'une paire de cornes.

Il y a d'autres ruminants dont les cornes ont plusieurs branches, ce qui leur a fait donner le nom de *bois*. Parmi les animaux dont la tête est armée d'un bois, se trouvent les *cerfs* qui vivent dans les forêts ; les *daims*, les gentils *chevreuils* ressemblant au cerf, mais plus petits, et vivant aux mêmes endroits. Vous n'avez sans doute pas oublié non plus le *renne* des pays glacés, où il est si précieux et si utile à l'homme.

Chez les ruminants dont les cornes sont simples, comme les bœufs, les chèvres, etc., ces cornes sont creuses à l'intérieur et ne tombent jamais. Quant aux ruminants qui portent des bois au lieu de simples cornes, ils ont le plaisir d'avoir chaque année une coiffure neuve. Au printemps, les bois rameux de ces animaux se détachent et tombent de leur tête; à leur place une nouvelle ramure se forme, toute petite d'abord, puis cette ramure grandit comme un petit arbre qui croît et pousse des branches. Dans certaines espèces il pousse une branche de plus chaque année, si bien que par le nombre de crochets d'un bois on peut savoir l'âge de l'animal qui le porte.

La *girafe*, qui se trouve en Afrique, n'a sur la tête, en guise de cornes, que deux petits tronçons velus. Enfin il existe d'autres ruminants tout à fait dépourvus de cornes ; tel est le *chameau* d'Afrique, qui a sur le dos deux bosses de graisse ; le *dromadaire* qui n'en a qu'une seule ; le *lama* et la *vigogne*, qui se trouvent en Amérique, et ressemblent un peu au chameau, quoique beaucoup plus petits et sans bosse.

QUESTIONNAIRE.

Rappelez les animaux qui font partie de l'ordre des ruminants.

Décrivez l'estomac d'un ruminant. — Expliquez ses fonctions.

Quelle est la fonction du pied des ruminants? — Où vit le *chamois?* — Quelle est sa taille? — sa forme? — Où vivent les *gazelles?* — Qu'est-ce qu'un bison? — Un buffle?

Citez des ruminants portant des *bois rameux*. — Les bois des cerfs, des daims, des rennes tombent-ils chaque année?

Les cornes creuses des ruminants à cornes (comme le bœuf, le mouton) tombent-elles aussi chaque année?

Citez un ruminant sans cornes. — Comment nomme-t-on les animaux ressemblant au chameau, qui vivent dans l'Amérique du Sud? — Ces animaux sont-ils d'aussi grande taille que le chameau?

IV. Ordre des jumentés.

Les ruminants ont un estomac compliqué, parce que les herbes et les feuilles dont ils se nourrissent exigent plus de travail pour être digérés que la viande déjà formée. Mais alors le cheval et l'âne, qui sont aussi des animaux herbivores, et qui ne ruminent pas, comment font-ils pour digérer?

Ils ne ruminent pas, cela est vrai; mais par compensation leurs intestins ont une très grande longueur, ce qui donne aux aliments qui les parcourent le temps nécessaire pour être bien digérés.

En outre, ces animaux sont dans l'usage de broyer longtemps leur nourriture avant de l'avaler; tandis que les ruminants la font passer immédiatement dans l'estomac, sachant bien qu'elle reviendra dans leur bouche pour être broyée une seconde fois. Ceci vous explique pourquoi il faut aux chevaux et aux ânes deux ou trois heures pour achever leur repas. Les hommes qui les soignent savent très bien, ou du moins ils doivent savoir, que s'ils ne leur accordaient pas pour manger tout le temps qui leur est nécessaire, ces animaux dépériraient en peu de temps.

Les pieds du cheval et de l'âne, enveloppés par un gros ongle dur et insensible qu'on appelle le sabot, ou la corne du pied, ne sont point pour eux des organes du toucher; ils sont propres à la marche seulement. Et comme, en marchant sur les pavés des rues et les pierres des routes, les sabots du cheval et de l'âne s'useraient plus vite qu'ils ne poussent, on leur met des chaussures de fer; c'est-à-dire on leur cloue sous le pied, dans l'épaisseur de la corne, une plaque de fer ayant la forme de leur pied. C'est ce qu'on appelle : un fer à cheval.

Il y a en Afrique et en Asie des animaux sauvages, cousins du cheval et de l'âne, qui deviendraient pour nous d'utiles serviteurs si on parvenait à les apprivoiser. Ce sont les *zèbres* et les *hémiones*.

Il s'y trouve aussi un autre animal énorme, bizarre, qui a la peau épaisse, dure, ridée, formant par endroits de gros replis en draperie; et qui porte une ou deux cornes dures et pointues, non pas sur le front, comme les autres animaux cornus, mais sur le nez. Cet animal brutal, farouche, indomptable, est le *rhinocéros* (mot qui signifie en grec : *corne sur le nez*.) Dans l'espèce de rhinocéros qui a deux cornes, ces cornes sont placées sur son nez l'une devant l'autre.

Il y a plusieurs milliers d'années, ces étranges rhinocéros étaient très communs dans le pays qui est aujourd'hui la France. Il ne s'en

Rhinocéros d'Asie (jumentés).

trouve plus à présent que dans les forêts de l'Asie et de l'Afrique.

Les chevaux, les ânes, les zèbres, les hémiones et le rhinocéros, forment un groupe qui s'appelle : ordre des *jumentés*, c'est à dire des bêtes de somme.

QUESTIONNAIRE.

Les herbes et les feuilles sont-elles une nourriture plus difficile à digérer que la chair?

Les animaux herbivores non ruminants ont-ils le canal

digestif plus long que les autres animaux? — Pourquoi? — Pourquoi mangent-ils plus lentement que les animaux ruminants? — Pourquoi ferre-t-on les chevaux et les ânes? — En quoi consiste ce travail?

Qu'appelle-t-on corne, ongle, ou sabot d'un jumenté?

Existe-t-il d'autres animaux ressemblant au cheval et à l'âne, et vivant à l'état sauvage? — Où se trouvent-ils?

Citez un autre animal de l'ordre des jumentés.

Quelle est la taille, l'aspect du rhinocéros? — son caractère?

Qu'est-ce que sa peau a de particulier?

Qu'est-ce que le rhinocéros a de plus extraordinaire?

Y a-t-il des rhinocéros à deux cornes? — Comment sont placées ces deux cornes?

Où vivent les rhinocéros?

Y avait-il autrefois des rhinocéros dans le pays qui est maintenant le nôtre?

Le temps où les rhinocéros vivaient dans nos contrées est-il très loin de nous?

V. Ordre des proboscidiens.

Faisons maintenant le portrait du plus gros de tous les animaux qui vivent actuellement sur la terre, et qui est l'*éléphant*. Figurez-vous une bête haute deux fois comme un homme, d'une épaisseur énorme, et d'une couleur foncée, presque noire. Son corps est porté sur quatre jambes semblables à de lourds piliers. Son cou, extrêmement court, porte une tête colossale dont les yeux sont petits, mais dont les oreilles plates et développées, s'agitent parfois

Éléphant d'Asie (proboscidiens).

de chaque côté de sa tête comme d'immenses feuilles de plantes.

Mais ce qu'il y a de plus remarquable dans l'éléphant, c'est son nez. Ce nez est tellement long que, lorsqu'il le laisse pendre tout droit, il descend jusqu'à terre. On l'appelle une *trompe*.

Cette trompe, c'est-à-dire ce nez, est rond, flexible, et porte au-dessus de l'ouverture des narines une espèce de petit doigt sans os, très fort, à l'aide duquel l'éléphant saisit les menus objets. Car c'est avec sa trompe que l'éléphant prend et porte ses aliments à sa bouche. Les membres de ce gros animal ne servent qu'à soutenir son corps, et à le transporter là où il veut. Le nez, ou si vous voulez, la trompe de l'éléphant, est pour lui le principal organe du toucher; elle est très forte et en même temps très adroite. Il l'enroule autour des objets qu'il veut saisir; et il déracine des arbres, ou soulève des fardeaux énormes.

L'éléphant est au nombre des animaux les plus intelligents. Il a beaucoup de mémoire, et il est très susceptible d'éducation. On le dresse au travail, et même aux jeux. On en a vu danser, agiter une sonnette, déboucher une bouteille de vin, puis élevant la bouteille avec leur trompe, s'en verser le contenu dans la bouche. Car il a des goûts très civilisés, cet étonnant animal : il aime les liqueurs, le sucre; il semble fier quand on le couvre de riches étoffes. Il cueille des fleurs et en respire le parfum. Il écoute la musique avec attention et il y paraît très sensible. Dans l'Inde et la Perse les éléphants apprivoisés sont des serviteurs aussi précieux que chez nous le cheval ou le chien ; et ils rendent de grands services par leur docilité et leur force considérable.

Les éléphants se nourrissent d'herbes et de feuillage dont ils font naturellement une grande consommation. Ils mangent du pain, du riz, des fruits, en un mot de tous les aliments végétaux. De chaque côté de la trompe de l'éléphant, il lui sort de la bouche deux énormes dents pointues, fixées à la mâchoire supérieure, et recourbées vers le haut par leur extrémité. On appelle ces dents des *défenses*. La matière dont les défenses sont faites est l'ivoire, cet ivoire d'un blanc un peu vert, ou jaune, dont on façonne de petits objets délicats et précieux. A une époque extrêmement loin dans le passé, il existait plusieurs espèces d'animaux d'une taille plus énorme encore que l'éléphant, et dont on retrouve les squelettes enfouis dans la terre. On a appelé ces animaux : des *Mammouths*.

Les mammouths avaient, comme les éléphants, des défenses et un nez en forme de trompe. Ils ont tous péri ; l'éléphant est la seule espèce restée de ces animaux qui formaient *l'ordre des proboscidiens*, mot tiré de la langue grecque qui signifie : *animaux à trompe.*

QUESTIONNAIRE.

Décrivez sommairement la forme de l'éléphant. — Qu'est-ce que la trompe de l'éléphant ? — Quel usage l'éléphant fait-il de sa trompe? — L'éléphant est-il doué d'une intelligence remarquable pour un animal?—Citez-en des exemples. — Est-il susceptible d'éducation? — Quelle utilité retire-t-on des éléphants apprivoisés?— En quels pays se sert-on des éléphants comme bêtes de somme? — Quelle nourriture leur donne-t-on? — Qu'appelle-t-on les *défenses* de l'éléphant? — Comment nomme-t-on la matière dont elles sont formées? — Quels usages fait-on de l'ivoire? — Y avait-il autrefois sur la terre, d'énormes animaux à peu près semblables à l'éléphant? — Que sont-ils devenus? — Quel nom donne-t-on à l'*ordre* qui renferme les animaux à trompe?

VI. Ordre des porcins.

Si, vous promenant un jour sur les bords d'un fleuve, vous voyiez tout-à-coup sortir d'entre les roseaux un animal énorme, monstrueux, ouvrant une gueule large et profonde comme un four, et armée de dents presque aussi longues que votre bras... vous seriez bien effrayés, n'est-ce pas? — Cela pourrait vous arriver; pourtant rassurez-vous, chers amis, ce n'est pas en

France que vous risquez de faire de telles rencontres, c'est seulement en Afrique. Et même dans ce cas vous pourriez n'avoir aucune peur; car ces animaux, malgré leur aspect terrible,

Hippopotame d'Egypte (porcins).

sont des herbivores d'un caractère doux et inoffensif. On les appelle des *hippopotames.*

Les hippopotames, quoique moins hauts que les éléphants, ont des formes encore plus massives et plus pesantes. Leurs jambes sont si courtes que leur ventre touche presque à terre. Leur énorme tête est très laide, avec un nez carré du bout, des yeux petits et saillants comme deux boules, des lèvres épaisses d'une couleur rose sale, recouvrant leurs grandes dents.

Pendant le jour les hippopotames nagent et jouent dans les fleuves et les marais de l'Afrique; pendant la nuit ils sortent des eaux, et vont chercher leur pâture sur les rives.

Le nom d'hippopotame signifie en grec: *cheval de fleuve*. On dit qu'il a été donné à cet animal parce que sa voix rappelle le hennissement du cheval. Par sa forme il rappelle le porc, quoique beaucoup plus gros. C'est pour cela qu'on le compte dans l'ordre des *porcins*, en compagnie du porc domestique et du sanglier sauvage.

QUESTIONNAIRE.

Décrivez l'hippopotame. — En quels pays le rencontre-t-on? — Où fait-il son séjour? — De quoi fait-il sa nourriture? — A quel animal domestique ressemble l'hippopotame? — Dans quel ordre devons-nous le classer? — Que signifie en grec le mot *hippopotame?*

VII. Ordre des rongeurs.

Sur le bord des rivières et des fleuves de l'Amérique du Nord, vivent d'autres animaux bien remarquables par leur talent pour la construction. Ces animaux sont les *castors*. La nature leur a donné pour construire leurs demeures trois sortes d'outils : des pinces, une truelle et des ciseaux. Les pinces, ce sont leurs pattes

Castor d'Amérique (rongeurs).

de devant. La truelle, c'est leur queue. Les ciseaux, ce sont leurs *incisives* ou dents de devant, avec lesquelles ils rongent et tranchent le bois. De là vient qu'on appelle les castors : des *rongeurs*.

Grâce à ces trois sortes d'instruments, les castors se construisent de jolies cabanes au bord de l'eau. Des branches d'arbres, solidement enfoncées dans le terrain, servent de fondements ; des rameaux entrelacés et cimentés avec de la terre forment les murailles ; les mêmes matières maçonnées en rond par le haut forment le toit. Ces petites cabanes ont plusieurs étages, et des ouvertures servant de portes et de fenêtres. Ce qui est plus surprenant encore, c'est que pour avoir une eau tranquille au bord de laquelle ils puissent bâtir leur petit village, les castors trouvent le moyen de se faire un étang à eux. Associés et travaillant de concert, ils établissent une digue en travers d'un ruisseau ou d'une rivière, barrent ainsi le courant, et forcent l'eau à déborder sur une de ses rives, de manière à former l'étang dont ils ont besoin. Pour exécuter tous ces travaux il faut abattre de jeunes arbres, les diviser en tronçons, enfoncer les pieux dans le sol, entrelacer les branches, les maçonner ensuite. Les trois instruments que vous savez suffisent à tout.

Les castors sont non-seulement des ouvriers très-adroits, mais ils sont aussi des ouvriers très heureux, car ils peuvent se nourrir de leurs

Castors construisant leur village.

copeaux. Ils mangent en effet l'écorce fraîche et les rameaux tendres des arbres. Comme ce genre d'aliment, qui abonde en été, pourrait leur manquer en hiver, ils ont la prévoyance de faire des provisions. Ils coupent des branches et les empilent dans l'eau comme les marchands de bois dans leurs chantiers. Ces branches conservées fraîches par l'eau qui les baigne, fournissent la nourriture des castors pendant l'hiver.

Les organes ou instruments de ces ingénieux animaux sont tout à fait appropriés aux fonctions qu'ils ont à remplir. Leurs pattes de devant sont garnies de doigts et d'ongles longs et effilés; leur queue est plate, large, couverte d'écailles rappelant les écailles de poisson; elle se meut de haut en bas à la manière d'un battoir, et de droite à gauche à la manière d'une truelle. Leurs pattes de derrière sont palmées; aussi les castors nagent admirablement, et se plaisent beaucoup dans l'eau.

Il existe d'autres rongeurs qui vivent plus près de nous que le castor : les rats, les souris, les lapins, les lièvres. Ceux-là vous les connaissez bien. Les rats et les souris pénètrent dans les jardins, dans les maisons. Ils rongent tout ce qu'ils trouvent à leur convenance, le pain même quelquefois dans le buffet. Ce sont de petits animaux sauvages, gênants, mais nullement dangereux pour vous ; c'est pourquoi il ne faut pas pousser de grands cris à leur aspect comme certaines personnes ont la mauvaise habitude de le faire.

QUESTIONNAIRE.

A quel ordre appartiennent les castors? — Quelle est la taille du castor? — De quoi fait-il sa nourriture? — Quelle est la forme de ses dents? — Quelle est la forme de ses pattes et de sa queue? — Décrivez la digue et les habitations des castors. — Pourquoi les castors cherchent-ils à former un étang? — Quelles sortes de provisions font les castors? — Les castors ont-ils les pattes de derrière largement palmées? — Les castors nagent-ils facilement?

VIII. Ordre des chéiroptères[1].

Si vous êtes restés dehors un peu tard l'été, près de votre maison ou de quelque vieux bâtiment, vous avez entrevu, dans l'ombre, un petit être de forme indécise voltiger sans bruit autour de vous, paraître, disparaître, sans que vous puissiez distinguer par où; et bien sûr votre maman vous aura dit : « C'est une *chauve-souris.* »

1. Prononcez : kéiroptères.

L'animal nocturne appelé chauve-souris, est tout à fait inoffensif. Il se nourrit d'insectes qu'il happe au vol, et ne justifie guère, la pauvre petite bête, les cris insensés que poussent certaines personnes en la voyant quelquefois s'égarer dans leur chambre.

La chauve-souris vole, et pourtant ce n'est pas un oiseau : elle n'a ni plumes ni ailes; elle est couverte de poil, a deux grandes oreilles, et des dents! C'est un petit mammifère.

Cet étrange mammifère a, à peu près, la taille d'une souris, son poil est grisâtre; ses dents sont tranchantes comme celles des rongeurs; ses petits yeux voient dans l'obscurité comme ceux de tous les animaux nocturnes; ses oreilles longues, larges et minces sont très-disproportionnées pour sa taille. Mais ce qu'il a de plus étonnant, ce sont les membres qui lui servent à voler, et qu'on appelle vulgairement ses ailes. Les ailes de la chauve-souris, mes enfants, ne ressemblent pas du tout aux ailes emplumées d'un oiseau. Elles ne sont autre chose que ses bras et ses mains; ses jambes et ses pieds, démesurément allongés, reliés les uns aux autres, de chaque côté, par une peau légère, mince, flexible, qui se développe comme une voile de navire, et aide l'animal à voler, de même que les doigts palmés des canards leur servent à nager. De sorte que les ailes de la chauve-sou-

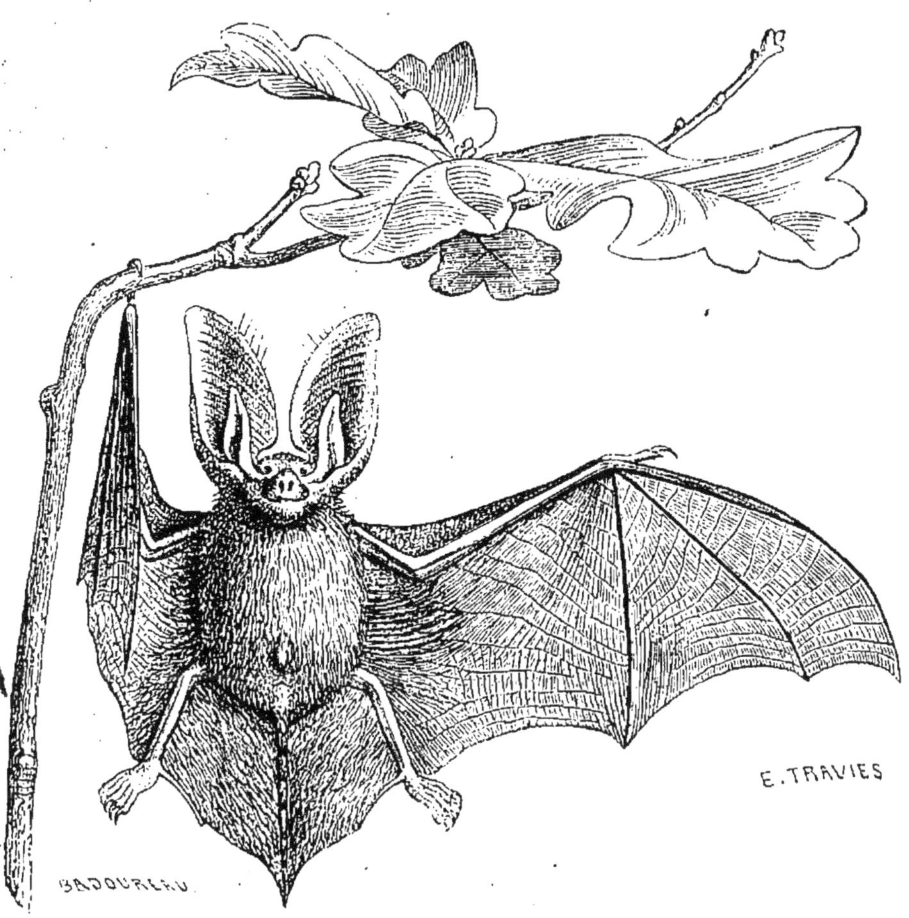

Chauve-souris accrochée par un des ongles de ses mains.

ris sont véritablement des pattes palmées, dont la peau s'étend non-seulement entre les doigts, mais aussi tout le long du corps de chaque côté, depuis la patte de devant jusqu'à la patte de derrière, et même un peu au delà. De cette façon la chauve-souris est entièrement entourée de ses voiles, de ses ailes si vous voulez, excepté vers la tête. Quand la chauve-souris ne vole pas, ses longs doigts sont repliés le long de son corps, et alors elle marche sur ses coudes et sur ses ongles, ce qui lui donne une tournure tout à fait empêtrée.

Il y a plusieurs espèces de chauves-souris dont quelques-unes sont très grandes, et se trouvent en Amérique. Ces animaux étranges forment un ordre auquel on a donné ce nom de *chéiroptères*, mot grec qui signifie : animaux *dont les mains forment des ailes.*

QUESTIONNAIRE.

Qu'est-ce que la chauve-souris a de plus remarquable? — Prouvez que la chauve souris n'est pas un oiseau. — Quelle est la taille de la chauve-souris commune de nos pays? — A quel moment de la journée la voit-on voler? — Qu'est-ce que ses yeux ont de particulier?—Ses oreilles?— Décrivez l'aile de la chauve-souris.—Montrez que cette aile est un bras *modifié* pour remplir la fonction de voler.

Y a-t-il différentes espèces de chauves-souris? — Quelques-unes sont-elles de grande taille? — De quoi se nourrissent les chauves-souris de nos pays? — Quel nom donne-t-on à l'*ordre* des chauves-souris et autres animaux à peu près semblables?—Que signifie le mot : chéiroptère?

IX. Ordre des phoques.

Voyons maintenant d'autres mammifères qui, tout différents de la chauve-souris s'élevant dans les airs pour y chercher sa nourriture, se plongent dans les eaux pour y chercher la leur et même y demeurent presque continuellement. Ceux-là sont des *mammifères nageurs*. Ils ont une manière de vivre très-différente de celle des mammifères marcheurs, et conséquemment leurs organes sont autrement disposés. Vous allez voir, chers enfants, comme la nature est attentive à modifier les instruments selon l'usage auquel ils doivent servir.

Regardez l'animal représenté page suivante. C'est un *phoque*. Sa tête est bien une tête de mammifère, elle rappelle un peu celle du chien; mais son corps ressemble à un corps de poisson. C'est que le phoque est fait pour la vie aquatique. Quand il est sur la terre, il ne peut que s'y traîner gauchement. Les deux pattes de devant, destinées non à saisir, mais à nager, ont tous leurs doigts enveloppés par une peau épaisse qui en fait une sorte de rame. Les deux pattes de derrière sont rapprochées, et figurent une queue ressemblant à celle des poissons

Vous pouvez distinguer leurs doigts et leurs ongles à travers la peau qui les recouvre. Seulement ces pattes, au lieu d'être disposées pour se mouvoir sur le sol comme celles des mam-

Phoques des mers du nord.

mifères marcheurs, ou pour se mouvoir dans l'air comme celles des oiseaux, sont disposées pour se mouvoir dans l'eau comme celles des poissons, c'est-à-dire pour nager. Aussi les phoques nagent-ils admirablement. En tout le reste, leur organisation est semblable à celle des autres mammifères.

Il y a beaucoup d'espèces de phoques. Ils habitent généralement la région des mers et des rivages glacés.

QUESTIONNAIRE.

Y a-t-il des mammifères qui vivent dans l'eau? — Comment les nomme-t-on? — Ces mammifères sont-ils organisés autrement que les autres? — En quoi? — Où vivent les *phoques?* — Quelle est leur forme? — A quel animal cette forme les fait-elle ressembler? — Comment sont disposées leurs pattes? — A quelle fonction servent-elles principalement? — Pourquoi classe-t-on le phoque parmi les mammifères. — De quoi se nourrissent les phoques? — Dans quels climats sont-ils le plus communs? — Y a-t-il plusieurs espèces dans l'ordre des phoques?

X. Ordre des cétacés.

Voici encore un mammifère nageur. Celui-là ne sort jamais des eaux de la mer. Il est pourvu de deux nageoires, et d'une queue plate s'élargissant en queue de poisson. Avec ses deux nageoires il ne fait que se maintenir dans l'eau en équilibre, et c'est avec sa queue qu'il se dirige en avant, à droite ou à gauche. Cet énorme mammifère nageur, c'est la timide et pacifique *baleine*. Au premier coup d'œil on prendrait la baleine pour un énorme poisson; et pourtant c'est bien un mammifère, la preuve c'est que la mère allaite son petit comme la vache son veau; tandis que les poissons se bornent à pondre des œufs qu'ils abandonnent au fond des eaux. Aussi la baleine, malgré son apparence de poisson, est organisée à l'intérieur comme les mammifères. Ses os sont des os, solides et arrondis comme les nôtres, et non des arêtes aiguës et flexibles comme celles des poissons. Le sang de la baleine est rouge et chaud comme le nôtre. Elle respire l'air par des poumons comme les mammifères terrestres, et par conséquent elle est obligée de venir à la surface de l'eau chaque fois qu'elle a besoin de respirer. Seulement ses membres, ses organes de mouvement, sont modifiés pour servir, non à marcher, mais à nager. Les deux membres de derrière manquent à la baleine. les deux de devant sont, comme dans le phoque, deux sortes de bras très-courts, terminés par une main aplatie, dont les doigts sont enveloppés d'une peau et forment une rame. C'est sous son bras que la baleine porte son baleineau, car elle n'a qu'un petit à la fois, et on ne peut guère l'appeler *petit*, puisqu'au mo-

Baleine des mers du nord (cétacés).

ment de sa naissance il est déjà gros comme un bœuf. Sa mère le soigne avec la plus grande sollicitude, et expose intrépidement sa vie pour le défendre.

Vous ne pouvez vous imaginer quelle masse considérable forme le corps de la baleine; on peut dire sans exagération que cet animal est gros comme une maison. Si elle le voulait, elle briserait une barque rien qu'en la lançant en l'air d'un coup de sa queue. Sa tête énorme forme presque le tiers de sa longueur; ses yeux, singulièrement placés, se trouvent aux deux coins de sa gueule. Ils sont très-petits, mais par opposition la gueule est immense, un vrai gouffre! Vous vous imaginez peut-être que dans une telle gueule il doit se trouver des dents d'une longueur effrayante; détrompez-vous : la baleine n'a pas de dents. Sa gueule est entourée de grandes lames élastiques, qu'on divise pour les employer dans les parapluies et qu'on appelle alors : *des baleines*. Ces grandes lames qui recouvrent la gueule de l'animal se nomment les *fanons* de la baleine. Les fanons sont effilés sur leurs bords, de sorte que lorsque la baleine avale de larges quantités d'eau, qu'elle rejette ensuite, ils lui servent comme d'un filet

Marsouins (cétacés).

pour retenir les poissons et autres animaux marins, de très-petite taille, dont ce gros animal se nourrit. Force est bien à la baleine de se contenter de petits animaux, puisqu'elle n'a pas de dents pour broyer sa nourriture, et que son gosier, excessivement étroit, ne laisserait pas passer de gros morceaux.

Il y a plusieurs autres espèces de mammifères nageurs, les uns grands comme la baleine, d'autres plus petits, tels que les *marsouins*, les *dauphins*. Tous ces animaux composent l'ordre des *cétacés*, mot qui signifie : *semblable à la baleine*. Il existe aussi d'autres mammifères marcheurs, dont nous vous parlerons plus tard.

QUESTIONNAIRE.

Y a-t-il des mammifères qui ressemblent encore plus que les phoques à de véritables poissons ?

Quelle est la forme de la baleine ? — A quoi ressemblent ses pattes ? — sa queue ? — La baleine a-t-elle des arêtes, ou des os semblables à ceux des mammifères ? — A-t-elle le sang chaud ? — Peut-elle respirer dans l'eau comme les poissons ? — A-t-elle des *poumons ?* — Combien la baleine a t-elle de pattes-nageoires ? — Comment est formée cette patte-nageoire ? — La baleine allaite-t-elle son petit ? — Quelle est la taille de la baleine ? — Sa force est-elle très-grande ? — Sa gueule est-elle très-large ? — A-t-elle des dents ? — De quoi est entourée sa gueule ? — De quelle proie se nourrit la baleine ? — Comment prend-elle les petits poissons et autres petits animaux marins dont elle se nourrit? — Pourquoi ne peut-elle se nourrir de gros poissons? — Y a-t-il d'autres mammifères nageurs ressemblant à la baleine ? — Quelques-uns d'entre eux sont-ils aussi de grande taille? — Citez-en de taille plus petite — Quel nom donne-t-on à l'*ordre* qui est formé de ces animaux? — Que signifie le mot : cétacés?

CLASSE DES OISEAUX.

Caractères généraux. — L'aile.

Avez-vous vu l'hirondelle, volant au-dessus de vos têtes, décrire de grandes courbes dans l'air ; ou bien rasant la terre ou la surface de l'eau, glisser rapide comme une flèche? Vous êtes-vous alors demandé comment les ailes des oiseaux, dont quelques-uns sont parfois de grande taille, suffisent pour les porter dans l'air qui est si léger, si peu résistant. Quel organe puissant est-ce donc que l'aile? Comment est-il disposé? Comment fonctionne-t-il?

Une aile, chers enfants, c'est *un bras modifié pour ramer dans l'air ;* à peu près comme les nageoires de la baleine et des phoques, sont des bras modifiés pour nager dans l'eau. Vous êtes étonnés peut-être d'entendre appeler l'aile *un*

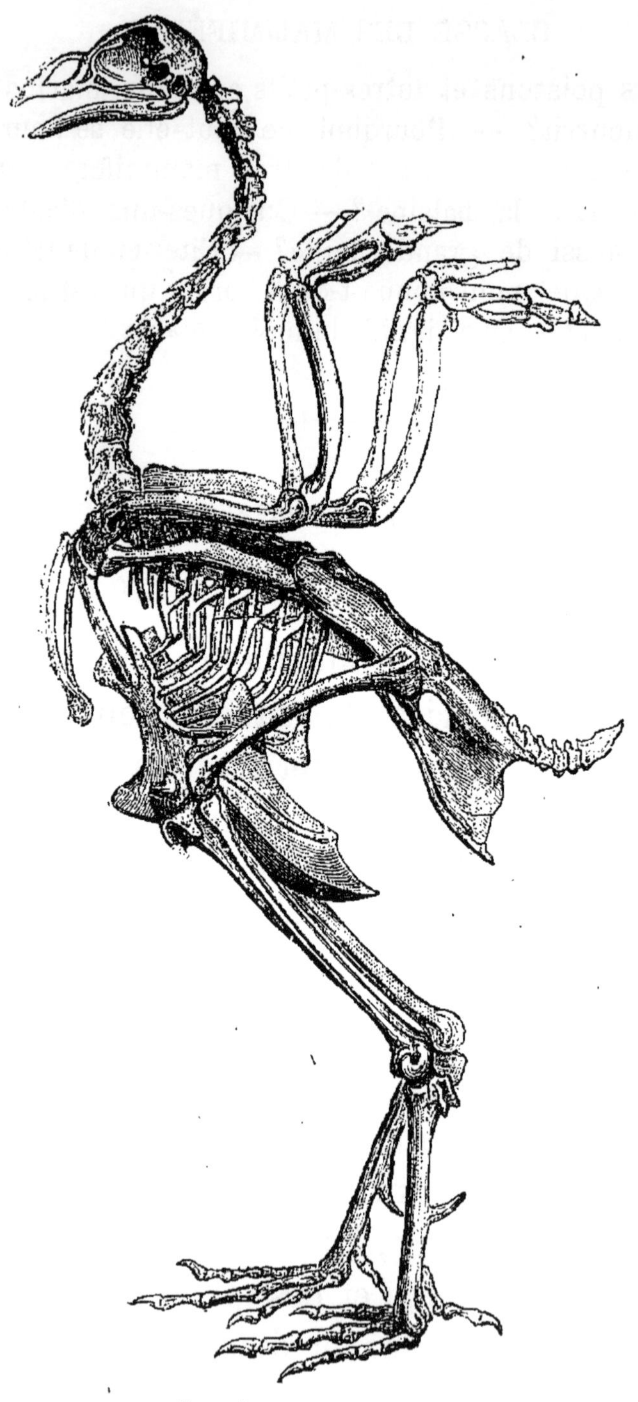

Squelette d'oiseau.

bras ; mais rappelez-vous que l'oiseau est un animal vertébré, et qu'il est pourvu, comme la plupart des vertébrés, de quatre membres qui sont des organes de mouvement. La différence qui existe pour ces membres chez les oiseaux, c'est que les deux de derrière sont seuls destinés à marcher, à saisir, quelquefois à nager, et sont terminés par une patte armée de doigts ;

Os de l'aile.

tandis que les membres de devant sont disposés pour le vol, et sont en conséquence garnis de plumes à la fois légères et fortes.

Ces plumes nous cachent la forme du membre. Mais examinez à la cuisine un pigeon mort et plumé. Étendez son aile, et vous reconnaîtrez facilement que cette aile est divisée comme un petit bras. On y peut distinguer une épaule, un coude, un avant-bras, et même une espèce de main avec des doigts. Ces doigts, étant enveloppés dans une même peau, se meuvent tous ensemble, et c'est en effet la manière qui leur convient, puisque la main de l'oiseau n'est pas destinée à saisir, mais à voler. Nous avons déjà observé que la main des mammifères nageurs, qui n'est pas faite non plus pour saisir mais pour nager, n'a pas les doigts séparés. C'est que voler et nager sont deux mouvements analogues, faits l'un pour avancer dans l'eau, l'autre pour avancer dans l'air.

Maintenant, chers amis, examinez une plume de l'aile d'un oiseau, d'un pigeon ou d'un poulet, par exemple. Remarquez cette petite tige centrale, extrêmement ferme, élastique et légère, garnie des deux côtés de petits brins de plumes soyeuses, se tenant l'une l'autre, et formant ce qu'on appelle les *barbes* de la *plume*. C'est par l'extrémité du petit tuyau central, dépourvu de barbes à cet endroit, que les plumes sont implantées dans la peau de l'oiseau, comme le poil et les cheveux dans la peau des mammifères. Les plumes de l'aile, et surtout celles de la main qui la terminent, appelées *pennes*, sont les plus grandes, les plus fortes, parce qu'elles ont pour fonction de soutenir le poids de l'animal dans les airs.

Quand un oiseau prend son essor, il étend ses ailes dont les longues pennes se développent, il s'élance.... et le voilà parti! Plus l'aile est grande, plus le vol a de force. Pour vous en assurer, faites deux éventails de papier, un grand et un petit. Agitez-les, et vous verrez que le grand résiste davantage parce qu'il prend plus d'air à la fois. L'aile de l'oiseau s'agite dans l'air comme l'éventail; plus elle est grande, plus elle s'y appuie largement. Quand l'oiseau donne dans l'air un grand coup de son aile, c'est comme lorsque le poisson donne dans l'eau un grand coup de nageoire, ou le batelier un grand coup de rame. Le coup d'aile contre l'air pousse l'oiseau, comme le coup de nageoire dans l'eau pousse le poisson, et comme un coup de rame pousse le bateau. L'aile avec ses plumes est donc véritablement une nageoire, ou une rame aérienne.

La plupart des oiseaux ont aussi une longue queue dont ils étalent les plumes lorsqu'ils volent. Cette queue les aide à se diriger dans l'air, comme celle des poissons leur sert à se diriger dans l'eau. Leur queue n'est pas une rame, c'est un gouvernail.

Aigle au vol (rapaces).

Les autres plumes de l'oiseau sont beaucoup

plus petites et moins fermes que celles de l'aile et de la queue; mais elles ne sont pas moins légères. Elles composent le vêtement du frileux animal, et sont implantées dans sa peau au milieu d'un duvet chaud et fin. Dans un grand nombre d'espèces le plumage a les couleurs les plus variées et les plus éclatantes, témoin les chardonnerets, les serins, les geais, les pies, les perroquets, et beaucoup d'autres oiseaux des pays chauds.

QUESTIONNAIRE.

Qu'est-ce qu'une aile? — Pourquoi disons-nous que l'aile est un *bras modifié?* — Pourquoi ne pouvons-nous distinguer la forme des bras dans une aile d'oiseau? — L'aile est-elle terminée par une sorte de main modifiée? — Pourquoi cette main n'a-t-elle pas ses doigts séparés? — Quelle est la forme d'une *plume?* — Par où les plumes tiennent-elles à l'oiseau? — Expliquez le mouvement de l'aile dans le *vol.* — En quoi les plumes de la queue d'un oiseau aident-elles au vol? — De quoi est couvert le corps entier de l'oiseau? — A quoi servent les plumes et le duvet qui le revêtent?

I. Ordre des rapaces.

L'année dernière, mes enfants, nous avons observé la forme recourbée et tranchante du bec et des serres des rapaces ou oiseaux de proie. Nous avons vu que ces organes sont disposés pour saisir et déchirer la proie dont ces animaux se nourrissent. Puis nous avons divisé les rapaces en deux familles : les chasseurs de jour et les chasseurs de nuit; les rapaces *diurnes* et les rapaces *nocturnes*.

L'*aigle* est le plus terrible des rapaces diurnes ou chasseurs de jour, mais il n'est pas le seul. Souvent dans nos campagnes on voit un oiseau assez grand, voler en décrivant des cercles, puis s'arrêter en battant des ailes au-dessus d'un buisson ou d'une touffe d'herbe. Cet oiseau, c'est un *épervier*, qui guette et essaie de surprendre les petits oiseaux dans leurs nids, ou les perdreaux dans les sillons.

L'épervier est de petite taille et de couleur grise. Il est très-commun dans nos pays, et il est aussi vorace que l'aigle, proportion gardée.

Citons aussi les *faucons*, les *milans*, les *buses*, oiseaux de proie qui se ressemblent tous de forme et de mœurs. Puis les utiles *vautours*, qui se nourrissent principalement de la chair des animaux morts laissés à découvert. Ces grands rapaces, rares dans nos pays, sont très-communs dans les climats brûlants où les chairs mortes se corrompent en quelques heures. Nommons aussi le *hibou* que nous avons déjà pris pour type, et d'autres rapaces de nos contrées, tels que les *chouettes* et les *effraies*. Ces oiseaux avec leurs gros yeux brillants, leurs plumes floconneuses, et leurs ailes qui volent sans bruit, ressemblent au hibou; seulement les chouettes et les effraies n'ont pas les deux petites houppes de plumes qui simulent des oreilles sur la tête des hiboux, et l'ont fait surnommer : chat-huant (signifiant chat-qui-*hue*, qui fait *hou-hou*).

QUESTIONNAIRE.

Quels sont les deux groupes principaux qui forment l'ordre des *rapaces* ? — Citez des rapaces diurnes. — Où rencontre-t-on principalement les vautours? — De quelle sorte de proie se nourrissent-ils? — Citez des rapaces nocturnes. — A quoi distingue-t-on les *effraies* des hiboux?

II. Ordre des grimpeurs.

Quelquefois on passe tranquillement dans une rue, sous une fenêtre, tout à coup on entend une voix singulière crier un nom, ou vous adresser quelque interpellation bizarre. Naturellement on lève la tête pour voir qui appelle :

on ne voit personne. Seulement une cage est

Perroquets d'Amérique (grimpeurs).

suspendue à la fenêtre, et tout est expliqué : le personnage qui parle, c'est un *perroquet*.

Observons un peu en détail ce bel oiseau.

Ce qui nous frappe tout d'abord en lui, c'est sa couleur grise ou verte, mêlée de rouge; son gros bec crochu, et ses pattes munies de quatre doigts, dont deux sont tournés en avant et deux

Patte de perroquet.

en arrière, tandis que la plupart des oiseaux portent trois doigts en avant et un seulement en arrière. Cette patte de perroquet fait l'office d'une petite main crochue, à l'aide de laquelle l'animal peut saisir ses aliments : les fruits, les noix, les amandes, et les porter à son bec robuste qui les brise, et les épluche délicatement. Le perroquet s'aide aussi de ses pattes pour grimper aux barreaux de son perchoir, et dans les forêts d'Amérique, qui sont sa patrie, pour grimper de branche en branche, en s'y accrochant aussi par son bec, ce qui lui est beaucoup plus facile que de marcher à terre, où il est très-maladroit. Enfin le perroquet au lieu d'avoir une langue rose, mince et effilée comme les autres oiseaux, a une langue noire, épaisse, et ronde du bout, ce qui lui permet de prononcer quelques syllabes, en imitant plus ou moins la voix et l'accent de la personne qui les lui a apprises.

Tous les oiseaux qui ont comme les *perroquets* les pattes disposées pour grimper, composent l'ordre des *grimpeurs*.

Tous les grimpeurs ont comme le perroquet deux doigts portés en avant, et deux en arrière; mais ils n'ont pas tous un gros bec. Il y en a qui vivent de petits insectes recueillis sur les branches des arbres et sous leur écorce; ceux-là ont un bec effilé, propre à sonder les fentes du bois. Tels sont le *pic* et le *pivert*, bien connus dans notre pays.

QUESTIONNAIRE.

Décrivez sommairement le perroquet. — Qu'est-ce que ses doigts ont de remarquable? — Les perroquets sont-ils originaires de notre pays?

Quel est le trait qui distingue les oiseaux de l'ordre des grimpeurs? — Y a-t-il des grimpeurs qui vivent d'insectes? — Quelle est la forme du bec de ceux-ci? — Comment font-ils leur chasse? — Citez un oiseau insectivore de notre pays qui appartienne à l'ordre des grimpeurs.

III. Ordre des passereaux.

L'année dernière nous avons déjà remarqué les doigts effilés des passereaux, leur petit bec pointu, leurs mœurs habituellement paisibles, leur voix généralement agréable ou joyeuse[1]; et les voyages que font la plupart des espèces de l'ordre des passereaux. Nous savons que ces oiseaux se nourrissent principalement des insectes qui nuisent à l'agriculture, et à défaut d'insectes, de fruits et de graines. Nous avons vu avec quelle habileté la plupart construisent leurs nids, et avec quelle tendresse ils élèvent leurs petits. Plus tard nous observerons la forme particulière que chaque espèce donne à son nid; ce sera une étude charmante.

Il se trouve des passereaux dans toutes les parties du monde. Ceux qui habitent les pays chauds ont ordinairement les plumes de couleurs plus vives. Dans les contrées brûlantes de l'Amérique on trouve le plus petit, le plus vif et le plus brillant des passereaux : le colibri, appelé aussi : *oiseau-mouche*. Le colibri va,

1. Sauf quelques exceptions, comme, par exemple, les pies, geais, corbeaux, qui sont aussi des passereaux.

Colibris (passereaux).

vient, et bourdonne sans cesse. S'il passe dans un rayon de soleil il étincelle comme le rubis. Lorsqu'il se pose sur les fleurs, que son petit corps ne fait pas même pencher, on le prendrait pour une fleur. Il plonge son bec effilé au fond des calices, et suce avec sa petite langue déliée comme un fil, la liqueur mielleuse qui y est contenue.

Cette liqueur forme toute sa nourriture. Son nid est grand

comme la moitié d'une coquille de noix, et il le suspend à quelque feuilles, au moyen de brins d'herbe souples et solides.

Aux oiseaux que nous avons déjà cités dans l'ordre des passereaux, joignons les espèces les plus intéressantes de nos pays : les *moineaux*, si familiers dans les villes; les *rouge-gorge*, les *roitelets*, qui remplissent nos bois; les *alouettes*, qui habitent les champs de blé; les *fauvettes*, les *grives*, les *merles*, dont la voix est si gaie; les *rossignols*, qui chantent pendant les belles nuits du printemps. Enfin, et bien différents de ceux-là, les pies, et les corbeaux qui sont les plus gros et les moins jolis de l'ordre des passereaux, malgré leur beau plumage noir et luisant.

QUESTIONNAIRE.

Rappelez les traits qui distinguent les passereaux. — Quels sont ceux dont les plumes ont ordinairement les plus riches couleurs? — Décrivez le colibri. — Quel autre nom lui donne-t-on encore? — Pourquoi? – De quoi se nourrit-il? — Quelle est la forme de son nid? — Comment son nid est-il fixé? — Citez les espèces de passereaux les plus communes dans nos pays. — Quels sont les plus gros oiseaux de cet ordre?

IV. Ordre des gallinacés.

En général, vous le savez bien, les oiseaux de l'ordre des gallinacés, tels que le coq, la poule, le dindon, sont lourds et volent mal. En revanche leurs pattes sont fortes, armées d'ongles robustes, et bien disposées pour la marche. Ils vont grattant la terre pour découvrir les insectes, les vermisseaux qui s'y cachent, et dont ils se nourrissent ainsi que de grains, de débris de légumes, et des restes de la table. Ces oiseaux vont nous fournir l'occasion d'observer un fait remarquable.

Prenons, par exemple, la poule. Elle avale les graines les plus dures sans se donner la peine de les broyer, non avec ses dents puisque les oiseaux n'ont pas de dents, mais avec son bec comme les passereaux. Cette nourriture descend d'abord dans l'œsophage, puis s'arrête à un endroit où le chemin s'élargit, et forme extérieurement une grosseur qu'on appelle le *jabot*. C'est là que les grains commencent à se ramollir, et sont à demi broyés avant de passer dans l'estomac où ils seront digérés. Mais comment broyer des grains quand on n'a pas de

Paon (gallinacés).

dents? Oh! la poule n'est pas embarrassée. Tout simplement elle avale de petits cailloux qui descendent avec les grains dans le jabot, puis dans l'estomac. L'estomac de la poule, c'est ce qu'on appelle le *gésier*. Vous savez que ce gésier est un muscle très-épais, très-fort. Il se contracte à mesure que les grains et les petits cailloux lui arrivent. Il les serre fortement, les presse les uns contre les autres, si bien que les cailloux qui sont les plus résistants, font l'office de petites meules : ils réduisent en miettes, en bouillie, les grains même les plus durs, et les rendent alors faciles à digérer.

Tous les autres gallinacés sont ainsi organisés et s'y prennent de même. Les paons, si beaux de forme et de plumage ; les dindons, les pintades, les faisans, font partie de l'ordre des gallinacés.

Les pigeons en font aussi partie. Mais les pigeons, vous le savez, ont le vol léger. A l'état sauvage ils font leurs nids dans les arbres, tandis que les autres gallinacés déposent ordinairement leurs œufs par terre.

QUESTIONNAIRE.

Rappelez les traits qui distinguent les gallinacés. — Les gallinacés écrasent-ils avec leur bec les graines qui font leur nourriture? — Qu'appelle-t-on le gésier? — Qu'est-ce que cet estomac a de remarquable? — Comment et à l'aide de quoi les graines avalées par les gallinacés sont-elles broyées afin d'être digérées? — Quelle famille d'oiseaux joint-on aux gallinacés? — Quelle différence trouvez-vous entre les pigeons et les autres gallinacés?

V. Ordre des échassiers.

Le dessin qui suit représente un *héron*, sauvage habitant des marais. Ce qui frappe au premier coup d'œil dans cet oiseau, c'est la longueur de ses jambes.

On le dirait monté sur des échasses. Aussi l'a-t-on très-justement appelé : un *échassier*. Et de tous les oiseaux perchés comme le héron sur de hautes jambes, on a formé *l'ordre des échassiers*.

L'ordre des échassiers présente deux groupes d'oiseaux très-distincts. D'abord ceux qui vivent dans les marais, parmi les roseaux qui bordent les étangs; sur les rivages de la mer. Tels sont les hérons.

Les hérons, avec leur long cou et leur long bec, volent parfaitement, et font chaque année de grands voyages. Ils se nourrissent de poissons, de grenouilles, de reptiles. Leurs hautes jambes leur permettent d'entrer dans l'eau, et leur bec allongé d'y pêcher leur nourritur

Le héron (échassiers).

sans se mouiller le corps. Les *grues*, les *cigognes*, dont on vous a raconté les mœurs [1],

1. Voyez la *Zoologie des écoles*, 4e série.

appartiennent au même groupe que le héron, ainsi que les *courlis* et les *bécasses*, échassiers

La bécasse (échassiers).

plus petits, qui pêchent les poissons et les vermisseaux le long des ruisseaux et des fossés.

Le second groupe des échassiers est formé d'oiseaux qui ne volent pas, chose assez singulière pour des oiseaux, n'est-ce pas ? Telle est, par exemple, l'*autruche*. Ses ailes, chargées de belles plumes onduleuses, sont absolument impropres au vol; mais, en compensation, ses longues et fortes jambes lui permettent de courir avec une vitesse extraordinaire. Les autruches habitent les pays chauds, et vivent en troupes dans les lieux arides. C'est le plus grand de tous les oiseaux qui vivent actuellement sur le globe : elle atteint jusqu'à deux mètres de hauteur. Ses œufs, qu'elle dépose dans un nid creusé dans le sable, sont aussi gros que la tête d'un petit enfant. Il y a des autruches en Afrique et en Amérique, ainsi qu'une autre espèce d'échassier ressemblant à l'autruche, mais plus petit, appelé *casoar*.

Autrefois il existait d'autres oiseaux du même ordre que l'autruche, mais plus grands encore. On a lieu de penser qu'ils atteignaient quatre mètres de hauteur. On désigne ces oiseaux disparus par le nom d'*épiornis*. Les énormes épiornis, comme les énormes mammouths, ont tous péri depuis longtemps.

QUESTIONNAIRE.

Qu'est-ce qui distingue les oiseaux de l'ordre des *échassiers*? — Pourquoi leur a-t-on donné ce nom? — Y a-t-il plusieurs groupes dans cet ordre? — Quels oiseaux met-on dans le premier groupe? — De quoi se nourissent les échassiers qui habitent les marais? — Citez des oiseaux de ce groupe — Ces oiseaux volent-ils bien ? — De quoi se compose le second groupe des échassiers? — Citez un de ces échassiers qui ne vole pas. — L'autruche a-t-elle néanmoins des ailes? — Où vit l'autruche? — Quelle est sa hauteur? — Comment fait-elle son nid? — Quelle est la dimension de ses œufs? — Quel est le plus gros des oiseaux qui vivent maintenant? — Y a-t-il eu sur la terre d'autres oiseaux semblables à l'autruche, mais encore plus grands? — En existe-t-il encore?

VI. Ordre des palmipèdes.

Nous vous avons déjà fait connaître le pied palmé des oiseaux aquatiques, disposé ainsi pour

Oie domestique (palmipèdes).

remplir la fonction de rame, dans l'eau où l'oiseau palmipède reste une partie de sa vie.

Passons seulement en revue quelques-unes

des espèces les plus remarquables de cet ordre, appelé *l'ordre des palmipèdes*, ou oiseaux aux pieds palmés.

Après les canards et les oies domestiques, ceux qui nous intéressent le plus sont les grands et beaux cygnes que nous voyons nager si gracieusement sur les étangs des châteaux, ou les bassins des jardins publics. Les cygnes sont originaires du Nord. Ceux qui vivent à l'état sauvage viennent simplement passer l'hiver dans notre pays, et s'en retournent à l'approche de l'été, alors que nous reviennent, au contraire, les hirondelles.

Sur les rivages de la mer on voit un grand nombre d'oiseaux pêcheurs. Les uns sont grimpés sur les rochers, d'autres volent au-dessus de l'eau ou rasent les vagues. Tout-à-coup on les voit plonger dans les eaux, puis se relever, emportant dans leur bec la proie qu'ils ont saisie. Parmi ces oiseaux sont les *mouettes*, les *hirondelles de mer*, assez communes sur nos plages. Ces oiseaux volent admirablement, et se soutiennent très-longtemps dans l'air sans se reposer.

Bien différents des mouettes et des hirondelles de mer, voici les *pingouins*, les *manchots*, autres palmipèdes *qui ne volent pas*, parce qu'ils ont des ailes si petites, si absolument impropres au vol, que l'on dirait de simples ébauches d'ailes. Ils marchent à terre gauchement et péniblement; mais en revanche ils plongent et nagent avec une habileté incomparable. Les pingouins habitent les mers du Nord, et les manchots les mers du Sud.

QUESTIONNAIRE.

Décrivez sommairement les cygnes. — Où vivent ces oiseaux à l'état sauvage? — Où vont-ils passer leurs hivers? — Citez des oiseaux palmipèdes habitants des rivages de la mer. — Comment se nourrissent les oiseaux de mer de cette sorte? — Y a-t-il des oiseaux de mer qui ne volent pas? — Comment poursuivent-ils leur proie? — Quelle est la forme de leurs ailes? — Citez deux espèces de ces oiseaux pêcheurs qui ont les ailes impropres au vol. — Où habitent ces deux espèces?

CLASSE DES REPTILES.

Caractères généraux.

Les reptiles forment la troisième série des animaux vertébrés. Ils ont un squelette comme les mammifères et les oiseaux. Seulement vous observerez que les serpents, privés de membres, n'ont que des vertèbres et des côtes, tandis que les tortues, les lézards, et tous les animaux qui leur ressemblent, ont des membres pourvus d'os et de muscles, servant à la marche. Tous les reptiles, vous le savez, ont la peau couverte d'écailles au lieu de poils. Ils respirent par des poumons comme les mammifères et les oiseaux, de sorte que les reptiles qui vivent dans l'eau sont obligés, comme la baleine, de s'élever de temps en temps à la surface pour respirer. Mais le sang des reptiles est froid, au lieu d'être chaud comme celui des mammifères et des oiseaux. Il circule lentement, et il en résulte que leur corps tout entier est froid pour la main qui le touche. Froid pour nous, non pour eux, puisque c'est leur nature. Ce que nous disons là s'applique également aux serpents, aux lézards et aux tortues, qui sont aussi des reptiles.

QUESTIONNAIRE.

Les *reptiles* sont-ils pourvus de vertèbres? — Citez les reptiles qui ont des membres articulés et ceux qui en sont dépourvus? — Quelle apparence a la peau des reptiles? — Par quels organes respirent les reptiles? — Les reptiles sont-ils des animaux à sang chaud?

I. Ordre des ophidiens ou serpents.

Il y a, vous le savez, une grande distinction à faire entre les serpents : les uns sont venimeux et forment, dans notre pays, la famille des vipères ; les autres ne sont pas venimeux, et forment la famille des couleuvres.

La vipère, serpent venimeux, a de chaque côté de la mâchoire supérieure deux longues dents qu'on nomme des *crochets*, parce qu'elles sont habituellement recourbées en forme de cro-

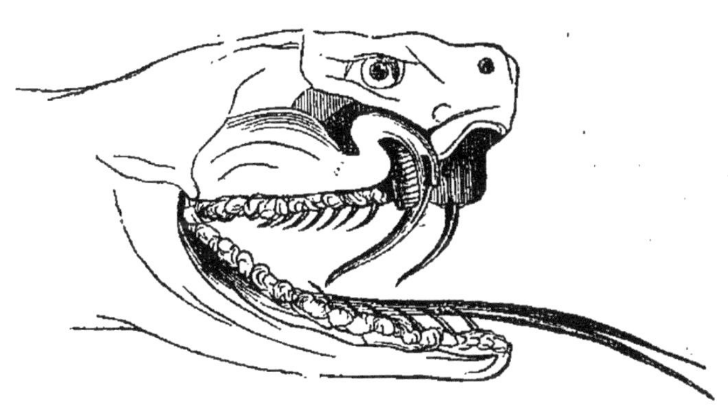

Gueule de serpent venimeux.

chet vers le fond de sa gueule. Ces deux dents sont creuses dans toute leur longeur, et communiquent, dans la gencive, avec une glande qui contient le poison, appelé *venin*. Quand la vipère est irritée, elle redresse soudainement ses crochets et mord. La glande qui est à la racine du crochet se trouve pressée. Le venin en jaillit,

Crotale ou serpent à sonnettes (ophidien).

coule par le petit canal intérieur du crochet, et pénètre dans la blessure. Aussitôt mêlé au sang, il est emporté avec lui par la circulation, et se répand dans tout le corps; le blessé enfle, quelquefois meurt. C'est ainsi que les serpents venimeux tuent les animaux dont ils font leur nourriture.

Les vipères sont malheureusement très-communes dans certaines parties de la France: elles habitent les taillis, les rochers, les landes arides.

Quand on a été mordu, voici ce qu'il faut faire: lier le membre fortement entre le corps et la morsure, pour ralentir la circulation du venin; faire saigner beaucoup la blessure, l'élargir même si elle est profonde afin d'y faire pénétrer un liquide appelé *alcali* ou *ammoniaque*. Ce remède se trouve chez tous les pharmaciens; il ne coûte pas cher, et vous ferez bien, chers enfants, de prier vos parents d'en avoir toujours un flacon chez eux, car outre les morsures des serpents, l'ammoniaque sert aussi contre la piqûre des insectes[1].

Dans les pays chauds il se trouve un grand nombre d'espèces de serpents. L'un des plus

1. L'acide phénique est encore plus efficace, seulement il coûte plus cher. Toute école devrait être pourvue de l'une ou l'autre de ces substances, au moins pendant l'été.

dangereux est le *crotale* ou *serpent à sonnettes*, ainsi appelé parce que sa queue est terminée par une grappe d'écailles qui, lorsque l'animal s'agite, font entendre un bruit semblable à celui que ferait une petite sonnette de bois.

Les serpents qui ne sont pas venimeux n'ont pas de crochets : témoin la couleuvre. Mais presque tous les serpents, venimeux ou non, sont carnassiers, c'est-à-dire se nourrissent de chair, et changent de peau chaque année. Leur gueule, leur estomac et leur peau sont si élastiques, qu'ils peuvent avaler d'un seul morceau une proie beaucoup plus grosse qu'eux-mêmes.

Il y a dans les pays chauds de gros serpents non venimeux, qui atteignent jusqu'à sept ou huit mètres de longueur. Ils s'élancent sur un homme, sur un bœuf, une chèvre, et comme ils n'ont pas de venin, ils étouffent leur proie en s'enroulant autour de son corps, et la serrant jusqu'à ce qu'elle meure. Ensuite ils se déroulent, et aspirent leur proie sans la diviser. Il leur faut naturellement un temps fort long pour digérer, quelquefois plusieurs semaines. Pendant leur digestion ils restent immobiles, engourdis, et faciles à capturer. Ces grands serpents non venimeux sont les *boas* et les *pythons*. On appelle l'ordre qui contient tous les serpents, venimeux ou non, l'ordre des *ophidiens*.

QUESTIONNAIRE.

Tous les serpents sont-ils venimeux? — Citez un exemple de serpent venimeux. — Quelle est la forme des dents venimeuses des serpents? — Où est situé le venin? — Qu'arrive-t-il quand une vipère mord un autre animal? — Où se trouvent les vipères? — Y a-t-il des vipères en France? — Que faut-il faire quand on a été mordu par une vipère? — Y a-t-il beaucoup d'espèces de serpents venimeux? — Où les serpents venimeux sont-ils surtout communs? — Citez une espèce de serpent venimeux très-redoutable dans les pays chauds. — Citez des serpents non venimeux, mais redoutables par leur force. — Les serpents non venimeux ont-ils des crochets? — De quoi vivent les serpents? — Comment mangent-ils? — Mettent-ils beaucoup de temps à digérer?

Ordre des sauriens et crocodiliens.

Le lézard, petit saurien doux et timide, a dans sa famille de grands reptiles, tels que l'*iguane*, qui vit en Amérique, se nourrit d'herbe et dont la chair est délicate; et de petits reptiles dont les pattes n'ont point poussé, ce qui leur donne l'apparence de

Crocodile (crocodiliens).

serpents. L'*orvet* est un de ces animaux. S'il

vous arrive, en vous promenant dans la campagne, de rencontrer un orvet, vous le reconnaîtrez à sa longueur, qui n'excède pas vingt à trente centimètres, sur une grosseur égale à celle du petit doigt. N'ayez pas plus peur d'un orvet que d'un lézard, puisque, malgré sa forme de serpent, l'orvet n'est qu'un petit saurien sans pattes.

Mais les sauriens ont des cousins germains redoutables, dont les savants ont fait un ordre à part, l'ordre des *crocodiliens*. Figurez-vous des animaux ressemblant à des lézards de plusieurs mètres de longueur ! avec une gueule fendue jusqu'au quart de la totalité du corps, garnie de dents nombreuses et aiguës, qui broient les poissons, les animaux de toute sorte, les hommes même; ces terribles animaux sont des *crocodiles*.

Les crocodiliens vivent dans les fleuves des contrées chaudes; ainsi les crocodiles en Afrique et en Amérique; les *caïmans* ou *alligators* en Amérique; les *gavials* en Asie.

Il y a des milliers d'années, le pays où nous vivons, et même toutes les contrées de la terre, étaient peuplés d'animaux à peu près semblables au crocodile, mais encore plus grands et plus féroces. Ces animaux ont tous péri, ainsi que les grands épiornis, les grands mammouths; et il n'y a pas lieu de les regretter, car s'ils étaient restés en nombre sur la terre, ils l'auraient dépeuplée.

QUESTIONNAIRE.

A quoi ressemble le crocodile? — Quelle est sa taille? — Faites la description du crocodile. — Où se trouvent les crocodiles? — De quoi vivent les crocodiles? — Sont-ils féroces? — En quelles parties du monde habitent les crocodiles? — De quels animaux la terre où nous vivons fut-elle peuplée autrefois? — Les hommes vivaient-ils alors sur la terre? — Que sont devenus les animaux monstrueux, plus ou moins semblables au crocodile, qui peuplèrent autrefois la terre?

III. Ordre des chéloniens : Tortues.

Nous ne parlerons pas longuement des tortues; vous savez déjà qu'il y en a plusieurs espèces. Toutes sont enveloppées d'une boîte d'écaille qui protège leur corps. De cette boîte sortent la tête, les quatre pattes et la queue, couvertes d'une peau épaisse, écailleuse et ridée.

Certaines espèces de tortues vivent sur la terre; d'autres vivent dans les eaux douces des fleuves, et d'autres dans les eaux salées de la mer. Ces dernières sont de très-grande taille.

Tortue de mer (chéloniens).

Leurs pattes sont palmées et forment de larges rames; tandis que les tortues de terre ont les pattes épaisses, et armées de petits ongles pointus.

L'écaille des tortues est résistante et solide,

parce qu'elle est composée d'une matière osseuse qui se forme dans leur peau, et qué vient encore

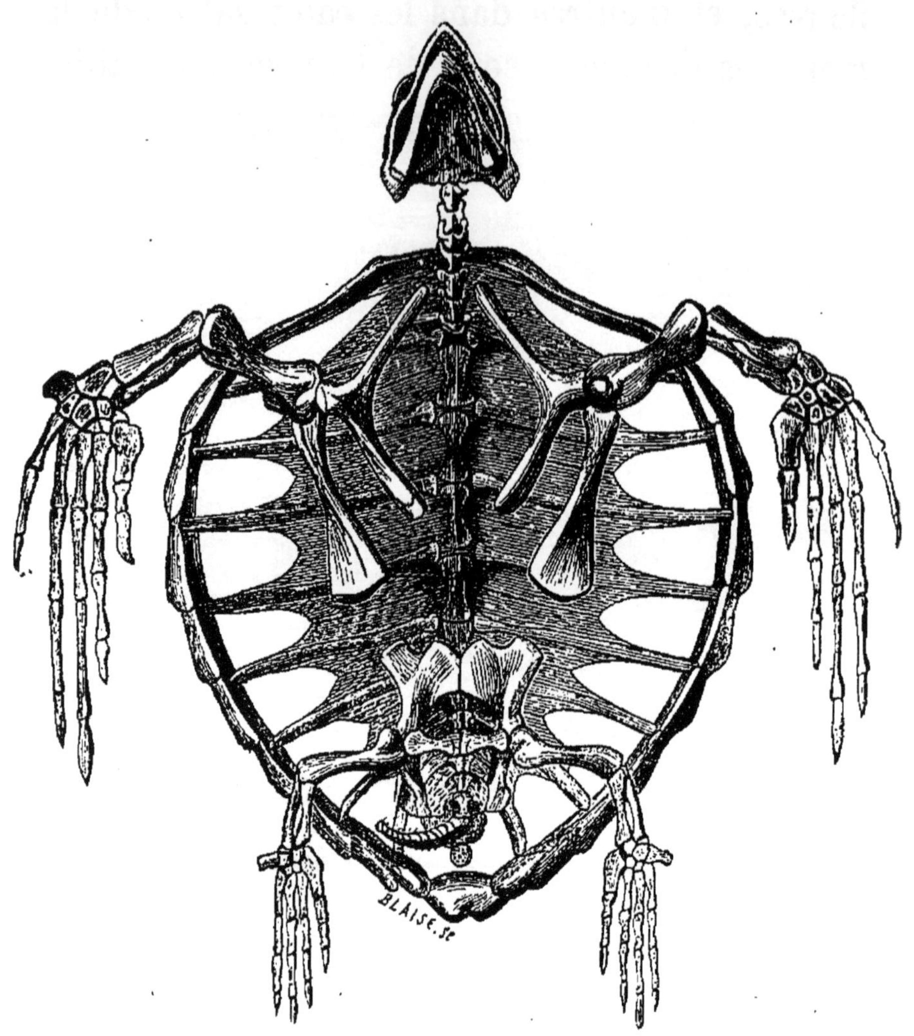

Squelette de tortue montrant le développement des côtes.

consolider le développement de leurs côtes partant des vertèbres. Cette écaille se divise en deux parties : le dessus s'appelle la *carapace*, et le dessous s'appelle le *plastron*. On la ramollit par la chaleur pour en fabriquer de petites boîtes, des peignes, etc.

Les diverses espèces de tortues composent l'ordre des *chéloniens*.

Les *ophidiens* ou serpents, les *sauriens* et *crocodiliens* ou lézards grands et petits, et les *chéloniens* ou tortues, forment les différents ordres de la classe des reptiles.

QUESTIONNAIRE.

Décrivez sommairement les tortues. — Où vivent les tortues ? — Quelle est la forme des pattes des tortues de mer ? — Quelles sont les espèces de tortues qui ont la plus grande taille ? — Que fabrique-t-on avec l'écaille de tortue ?

CLASSE DES BATRACIENS.

GRENOUILLES. — CRAPAUDS. — SALAMANDRES.

Métamorphoses.

Combien de fois déjà, mes enfants, n'avons-nous pas observé les rapports qui existent entre l'organisation d'un animal et sa manière de vivre ? Mais l'exemple le plus frappant que nous puissions en donner, c'est celui de la grenouille, dont nous avons déjà dit un mot les années précédentes. Jugez-en : la grenouille sort d'un petit œuf, et passe au milieu de l'eau la première partie de son existence, sous la forme de ce petit animal qu'on appelle *têtard*. Dans cet état elle ressemble un peu à un poisson ; sa queue est comme une longue nageoire aplatie verti-

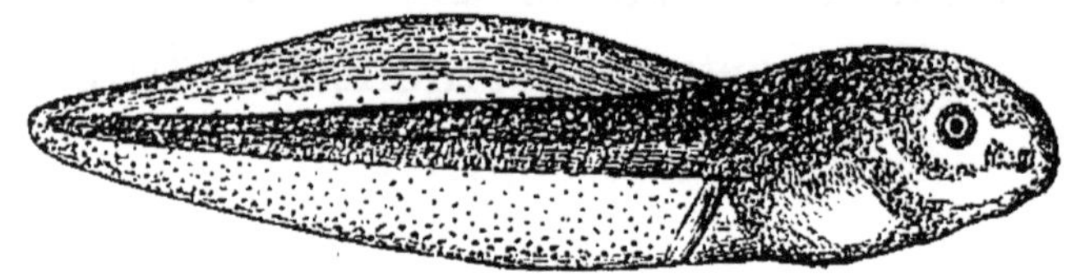

Têtard de grenouille.

calement. Comme le têtard n'a pas à marcher sur la terre, des pattes lui seraient inutiles, aussi n'en a-t-il point.

Mais après quelque temps l'animal va changer de manière d'être. Il quittera l'eau de temps en temps pour venir vivre sur la terre, dans l'herbe. Comment faire pour sortir du liquide où le têtard n'a pour membres que des nageoires ?

Comment ? Son organisation se modifie. Il lui pousse peu à peu quatre pattes. Sa queue-nageoire diminue graduellement et disparaît tout à fait. C'est comme un ouvrier qui change d'outils quand il change d'ouvrage. Lorsque cette curieuse transformation est accomplie, le têtard, qui était un animal incomplet, est changé en un animal complet qui est la *grenouille*. Avec

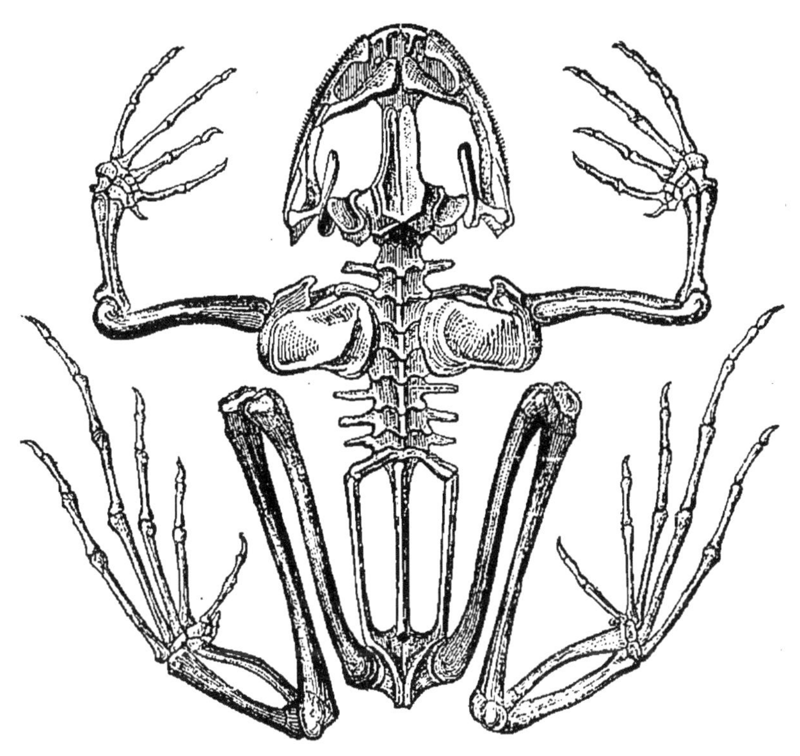

Squelette de grenouille (batraciens).

ses jambes de derrière qui sont très-longues, la grenouille fait un saut... et la voilà hors de l'eau ! Non-seulement ses organes de mouvement ont été transformés, mais ses organes de respiration ont changé aussi. Le têtard respirait à la manière des poissons, c'est-à-dire au moyen d'un appareil appelé *branchies*, dont nous vous expliquerons la fonction quand nous parlerons des poissons. Quand l'animal est devenu grenouille, ses branchies ont disparu, et des poumons se sont formés dans l'intérieur de sa poitrine. De sorte qu'il peut maintenant respirer l'air directement, au lieu de l'aspirer dissous dans l'eau. La circulation de son sang est changée du même coup, et répond à son nouveau genre de vie. La grenouille est l'espèce la plus connue d'un groupe d'animaux appelé : *l'ordre des batraciens*.

Tous les batraciens subissent des métamorphoses semblables à celles de la grenouille, avec cette différence que les grenouilles, les crapauds, les rainettes[1] perdent totalement leur queue, tandis que d'autres batraciens tels que les *salamandres*, gardent la leur, qui continue à leur servir de nageoire lorsqu'elles rentrent dans l'eau. Les salamandres n'ont pas les jambes de derrière plus longues que celles de devant; aussi elles ne sautent pas, et ressem-

1. Petite grenouille verte.

blent plus aux lézards qu'aux grenouilles, mais

Tritons ou salamandres d'eau, mâle et femelle. (batraciens).

d'aspect seulement; car les lézards ne subissent pas de métamorphoses.

QUESTIONNAIRE.

A quoi reconnaît-on les batraciens? — Quels changements s'opèrent quand le têtard devient grenouille? — Les organes de respiration et de circulation changent-ils aussi? — Comment nomme-t-on l'organe par lequel respirent les têtards? — Et les grenouilles, à l'aide de quels organes respirent-elles? — Que deviennent les branchies quand le têtard devient grenouille? — Tous les batraciens ont-ils des métamorphoses semblables? — Citez quelques batraciens. — Tous les batraciens perdent-ils leur queue en se métamorphosant ? — Citez des exemples de ceux qui conservent leur queue.

CLASSE DES POISSONS.

Organisation des poissons.

Nous avons vu déjà, mes enfants, que les os des poissons, qu'on appelle des arêtes, forment une charpente osseuse ou squelette. C'est pour-

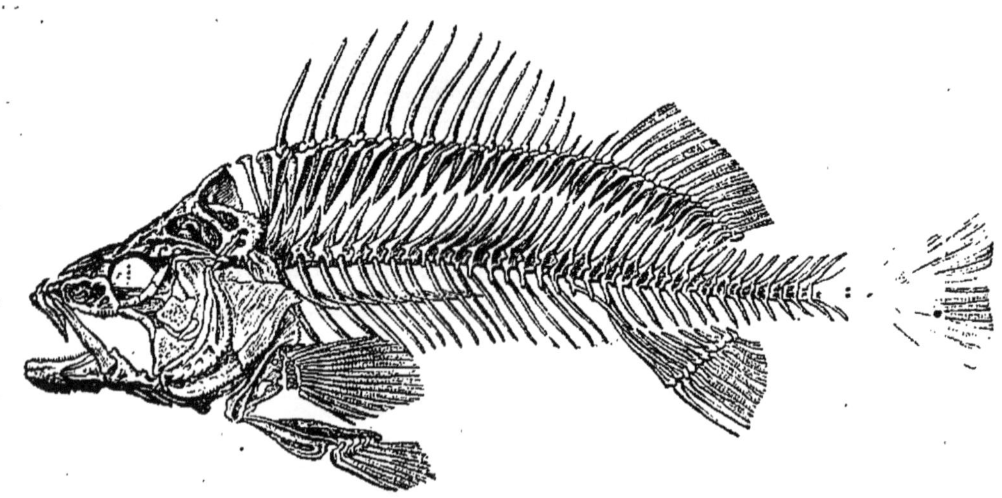

Squelette de poisson.

quoi on classe les poissons parmi les animaux vertébrés. La grande arête formée par l'ensemble de leurs vertèbres est assez flexible pour se prêter aux mouvements que le corps du poisson doit exécuter; vous pouvez l'observer si vous regardez un poisson nager dans un bassin.

Les organes digestifs des poissons ont une disposition analogue à ceux des animaux mammifères et des reptiles. Mais comment s'accomplit leur respiration, cette respiration des poissons dont nous avons parlé tant de fois? Respirer c'est, vous vous le rappelez [1], attirer de l'air dans l'intérieur d'un organe où le sang noir arrive en même temps, pour se combiner avec une certaine partie de cet air qui le remet à neuf. Chez les vertébrés qui respirent l'air directement, les mammifères, les oiseaux, les reptiles, c'est dans les poumons que l'air pénètre. Mais chez les poissons qui ne peuvent respirer l'air directement, puisqu'ils vivent dans l'eau, les poumons sont remplacés par des *branchies*.

Dans l'eau, il y a de l'air. La preuve c'est que si vous mettez sur le feu un plat rempli d'eau, vous voyez bientôt de petites bulles se former au fond, se détacher une à une, et monter à la surface, où elles s'ouvrent et disparaissent. Ces bulles ne sont pas de la vapeur, c'est

1. Voyez *Notions d'hygiène*, période élémentaire.

de l'air : l'air qui était contenu dans l'eau, et que la chaleur en fait sortir. Arrivé à la surface et mis en communication avec l'air de la chambre, il s'y répand, et la petite bulle disparaît. Donc, l'eau qui n'a pas été chauffée contient de l'air. Voyons comment les poissons s'y prennent pour le respirer.

Les *branchies*, organes respiratoires des poissons, ont la forme de petites franges brunes et

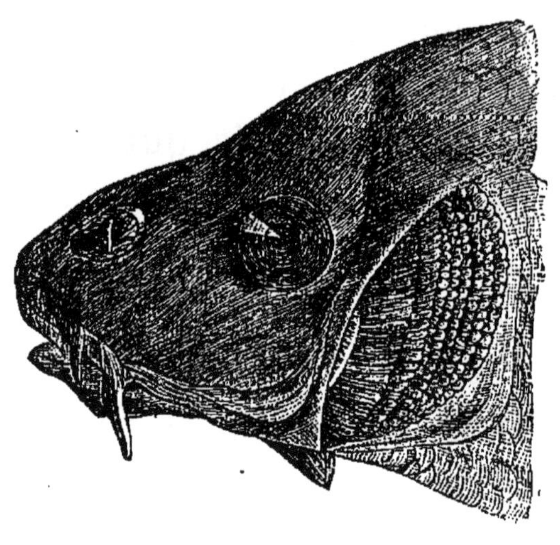

Tête de poisson avec les branchies.

flottantes. Soulevez les larges écailles qui recouvrent ce qu'on appelle les *ouïes* des poissons, vous verrez les branchies. Chaque brin de cette frange contient de petits tubes creux. Maintenant, observez un poisson dans l'eau : il ouvre et ferme alternativement la bouche, on dirait qu'il boit continuellement. Mais l'eau qu'il avale ainsi n'entre pas dans son estomac; elle se distribue à droite et à gauche, traverse les branchies en laissant l'air qu'elle contient pénétrer dans les petits tubes ; puis elle ressort par les ouïes. De son côté, le sang qui circule dans le corps du poisson arrive dans ces petites franges, se combine avec certaines parties de l'air qui s'y trouve, et le voilà renouvelé.

Ainsi le sang des poissons se combine avec l'air *dans les branchies*, comme le sang des autres vertébrés se combine avec l'air *dans les poumons*.

Le sang des poissons est froid comme celui des reptiles.

Certaines espèces de poissons, telles que les carpes, les brochets, ont dans l'intérieur du corps un organe tout particulier à leur genre de vie. Cet organe, c'est une vessie, formée d'une membrane fine, translucide, et divisée dans sa longueur par une espèce d'étranglement qui en fait deux parties. Cette vessie ne contient absolument que de l'air, et quand on la presse sous le pied, elle éclate comme un petit ballon. On pense que le poisson peut faire entrer dans cette vessie plus ou moins d'air, selon qu'il veut

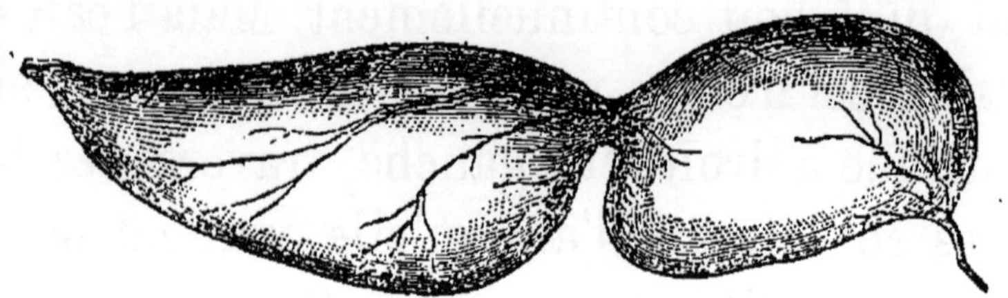

Vessie natatoire des poissons.

monter ou descendre; c'est pourquoi on l'appelle : *vessie natatoire.*

QUESTIONNAIRE.

Les poissons sont-ils des animaux vertébrés? — Comment nomme-t-on les os des poissons? — Qu'est-ce que respirer? — Y a-t-il de l'air dissous dans l'eau? — Quelle preuve peut-on en donner? — Comment respirent les poissons? Comment se nomme l'organe de respiration des poissons? — Quelle est sa forme? — Le sang des poissons est-il chaud? — Qu'est-ce que la vessie natatoire? — A quoi pense-t-on qu'elle serve aux poissons?

Poissons osseux et poissons cartilagineux.

Il y a parmi les poissons un très-grand nombre d'espèces; il serait trop long et trop difficile pour vous, chers enfants, d'apprendre comment on les classe.

Nous vous dirons seulement qu'un grand nombre de poissons ont les arêtes fermes, et presque aussi résistantes que des os véri-

Raie, poisson Cartilagineux.

tables; tandis que d'autres ont les os tendres et presque mous; on appelle ce genre d'os des *cartilages*. Les poissons qui ont des arêtes dures sont appelés : *poissons osseux;* et ceux qui ont des cartilages : *poissons cartilagineux*. La *carpe*, le *brochet*, la *perche*, qui vivent dans nos rivières; les *maquereaux*, habitants de la mer; les *thons*, fort communs dans la Méditerranée; les *épinoches* qui, chose étrange pour des poissons, font des nids au fond de l'eau et élèvent avec soin les petits qui éclosent de leurs œufs ; tous ces poissons et beaucoup d'autres sont des poissons osseux. La raie, au contraire, le requin, gros poisson très-vorace, et d'autres encore dont les os n'ont pas beaucoup de consistance, sont des poissons *cartilagineux*.

Nous nous tiendrons à cette seule distinction pour cette année, chers enfants.

Bien que toutes les espèces de poissons ne soient pas bonnes à manger, la pêche de certaines espèces est pour les hommes une ressource précieuse et abondante. Tels sont, parmi les poissons de mer, la morue, le hareng, la sardine. Oui, le hareng et la sardine sont pour nous une richesse plus grande, malgré leur petite taille, que les plus gros poissons de l'Océan. A quoi nous sert l'*espadon* par exemple, avec sa mâchoire supérieure prolongée en avant comme une lame d'épée? A quoi nous sert le *requin*, cet énorme glouton qui a des dents non-seulement à la place ordinaire, mais par toute la bouche. Le requin est fait pour dévorer ; l'espadon est fait pour combattre.

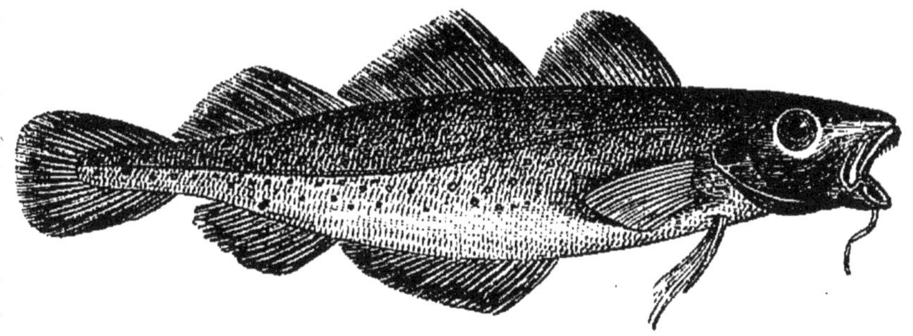

Morue, poisson osseux.

Périssent ces monstres dangereux! Quant aux petites espèces, elles sont un bienfait pour les hommes, et il faut, autant qu'on le peut, en favoriser la multiplication.

QUESTIONNAIRE.

Citez les deux grandes divisions des poissons. — Citez des poissons *osseux*. — Qu'est-ce que les *épinoches* ont de remarquable? — Citez des poissons cartilagineux. — Que signifie le mot *cartilagineux?* — Qu'est-ce que les requins ont de remarquable? — Et les espadons? — Doit-on favoriser la multiplication de certaines espèces de poissons? — Pourquoi?

BRANCHE DES ARTICULÉS.

Caractères généraux.

Passons maintenant aux animaux dont le corps n'est pas soutenu par une charpente osseuse; et qui, par conséquent, ne sont pas des vertébrés.

Examinez premièrement un insecte; le premier venu, une *mouche*, par exemple;

Deuxièmement une *araignée ;*

Troisièmement un *mille-pieds;*

Quatrièmement une *écrevisse ;*

Et cinquièmement une achée ou *lombric*, ou ver de terre.

Vous remarquerez, mes enfants, que tous ces animaux, quoique différents par leurs formes et leur manière de vivre, ont le corps composé de petites parties réunies les unes aux autres. C'est ce qu'on exprime en disant que ces animaux sont *articulés*, c'est-à-dire formés de plusieurs parties ou articles réunis ; le mot article signifie, comme vous le savez déjà, *petite pièce, petit morceau.*

Ainsi on compte parmi les animaux articulés cinq classes :

1° Les *insectes;*

2° Les *arachnides*, ou famille des araignées ;

3° Les *myriapodes* ou famille des mille-pieds;

4° Les *crustacés* ou famille des écrevisses ;

Et 5° les *annélides* ou famille des vers, c'est-à-dire des petits êtres dont le corps est uniquement composé d'anneaux, et *sans pattes.*

QUESTIONNAIRE.

Quel nom donne-t-on aux animaux qui ont le corps divisé par *articles?* — Que signifie le mot *article?* — Combien y a-t-il de classes d'articulés? — Nommez-les.

CLASSE DES INSECTES.

Leurs traits généraux.

Regardez, mes enfants, ce moucheron étourdi qui vient se poser sur vos doigts. Aussitôt que vous avez remarqué son corps divisé en trois parties : la tête, le corselet, et le ventre (ou abdomen), et ses six pattes articulées, c'est-à-dire composées de plusieurs petits morceaux, vous avez pensé : « c'est un insecte », sans même avoir besoin de vous rappeler qu'avant d'être parvenu à sa forme actuelle, il a vécu à l'état de *larve*, et subi plusieurs métamorphoses.

Eh bien ! réfléchissez un instant. Ce frêle insecte vole et marche. Il a des pattes et des ailes, *organes de mouvement*. Il voit et entend, car un mouvement trop rapproché, un bruit trop fort le fait fuir. Il sent les odeurs, puisque l'odeur des mets l'attire. Il goûte, puisqu'il s'abat dans le sucrier et ne touche pas au vinaigre. Il touche enfin, car il pose ses petites pattes et quelquefois sa trompe sur un objet avec précaution, avant de se risquer tout à fait. Il éprouve donc des sensations, et il a des *organes des sens*.

Ensuite, pour entretenir la vie qui l'anime, l'insecte a besoin de se nourrir : c'est pourquoi il mange et digère; il a des organes de digestion.

Il respire, et il a des organes de respiration.

Enfin, sa nourriture devenue du sang, circule à l'intérieur de son corps : il a des organes de circulation.

Quoi ! tant d'organes sont réunis dans le corps d'un insecte, et tant de fonctions s'y accomplissent ? Combien ces organes doivent être fins et délicats ! Oui, l'insecte possède ces organes-là, et beaucoup d'autres encore. N'est-ce pas merveilleux !

Plus tard, mes enfants, nous vous décrirons en détail les organes des sens chez les insectes; leurs yeux souvent taillés à facettes comme des bouchons de cristal; leurs antennes dirigées en avant, et qui probablement leur servent à sentir les odeurs. Aujourd'hui nous examinerons seulement la forme et les fonctions de leurs *organes de mouvement*, de leurs *organes de nutrition*, et de leurs *organes de respiration et de circulation.*

QUESTIONNAIRE.

Citez les caractères qui font reconnaître les insectes. — Les insectes ont-ils les sens de la vue, de l'odorat, du toucher, de l'ouïe et du goût? — Donnez-en les preuves? — L'insecte a-t-il des organes de digestion, de circulation et de respiration? — Quelle est la forme remarquable des yeux de certains insectes? —Montrez sur un des dessins les *antennes* d'un insecte. — A quoi sert cet organe?

Organes de mouvement.

Les principaux organes de mouvement des insectes sont leurs pattes et leurs ailes.

Ainsi que vous le reconnaîtrez facilement en

examinant la patte d'une mouche ou d'un hanneton, les pattes des insectes sont formées de plusieurs pièces articulées les unes avec les autres, et pliant à l'articulation comme nos membres à leurs jointures. Ces articulations sont formées par la peau du petit animal, qui est écailleuse et solide. Les muscles qui les font mouvoir sont à l'intérieur. C'est tout l'opposé des animaux vertébrés, puisque chez les vertébrés les os, les parties dures des membres, sont en dedans, et les muscles qui les font mouvoir sont pardessus.

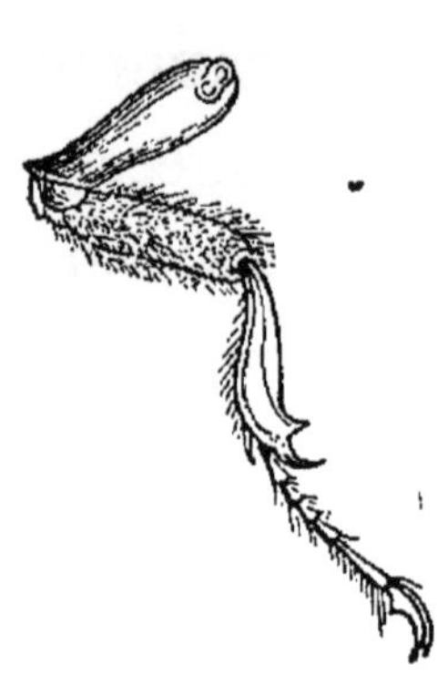
Patte d'insecte.

Les pattes des insectes sont très-souvent terminées par de petites griffes extrêmement fines et aiguës, au moyen desquelles ils s'accrochent aux arbres, aux murs des maisons et même aux vitres. Certains insectes, comme la sauterelle, sautent avec des pattes de derrière très-longues et très-fortes qui se replient, puis se redressent comme un ressort. Les pattes des insectes qui vivent dans l'eau, comme les *gyrins nageurs* de nos étangs, sont modifiées pour leur servir à nager. Elles ne sont pas palmées comme chez les vertébrés palmipèdes ; elles sont simplement aplaties en forme de petites rames.

Les ailes des insectes sont très-différentes selon les espèces, mais elles sont ordinairement formées d'une sorte de gaze transparente, fine

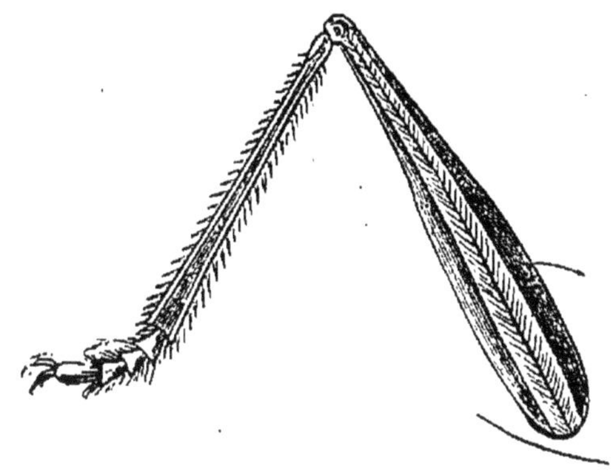

Patte de sauterelle.

et solide tout à la fois. Cette gaze est tendue sur des espèces de *nervures*, entrelacées comme les nervures des feuilles des plantes. Examinez de près une aile de mouche, vous en distinguerez facilement les nervures. Les jolies ailes du papillon sont tendues de la même manière, seulement, au lieu d'être transparentes, elles sont couvertes de petites écailles si fines et si brillantes que, lorsque nous y touchons, elles s'attachent à nos doigts comme une poussière dorée ou argentée.

Ces petites écailles sont teintées des plus fines couleurs dans certaines espèces, et par la manière dont elles sont disposées sur les

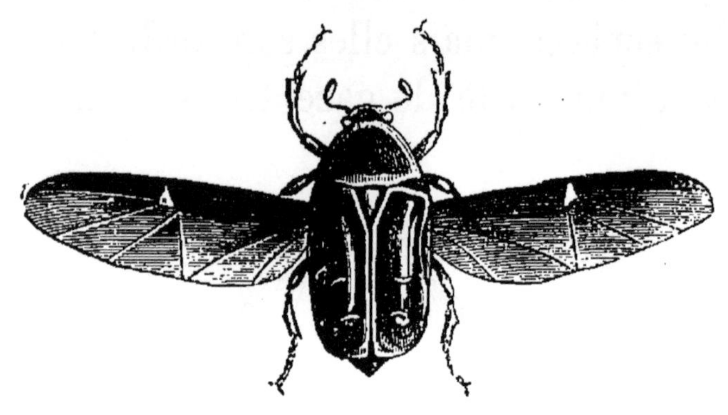

Cétoine de la rose.

ailes, elles forment des dessins capricieux, mais symétriques.

Nous avons déjà observé un certain nombre d'insectes ayant quatre ailes, dont les deux supérieures sont plutôt de forts étuis, sous lesquels sont repliées deux autres ailes minces et transparentes, qui sont les véritables organes du vol. Les deux ailes-étuis qui les recouvrent, s'appellent des *élytres*. Elles sont souvent ornées de vives couleurs comme celles de la *coccinelle*, qui mange les pucerons des rosiers; de la *cétoine*, qui boit le suc des roses; de la *jardinière*, qui court si vite dans les allées; et même du *hanneton*, dont les élytres sont d'une belle couleur mordorée.

QUESTIONNAIRE.

Quels sont les principaux organes de mouvement des insectes? — Comment est composée la patte de l'insecte ? — Quelle différence y a-t-il entre la disposition des membres d'un insecte et la disposition de ceux des animaux vertébrés? Par quoi sont souvent terminées les pattes des insectes? Comment sont modifiées celles des insectes nageurs? — Quelle est la forme ordinaire des ailes des insectes? — De quoi est formée la poussière des ailes du papillon?— Qu'est-ce qu'on appelle *élytres?* — Citez un insecte pourvu d'élytres.

Organes de nutrition.

Les insectes ont aussi une manière de se nourrir différente selon leur espèce. Les uns, comme les hannetons, rongent les feuilles des arbres; les autres, comme les abeilles, aspirent seulement la substance contenue dans le calice des fleurs. D'autres insectes sont carnassiers, et dévorent de petits animaux, témoin les coccinelles si jolies. D'autres sucent le sang des animaux de grande taille, comme le taon. D'au-

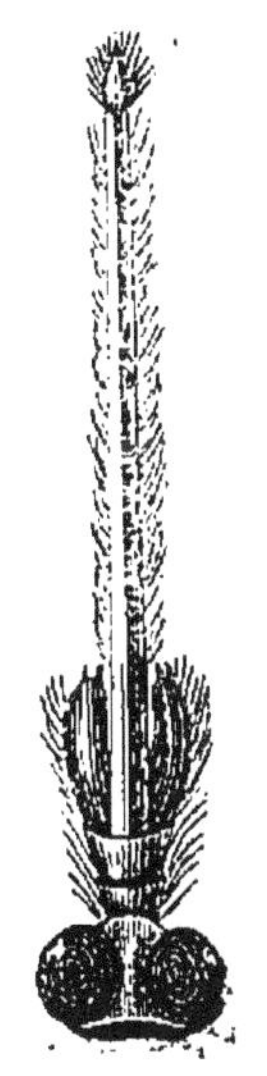

Tête et trompe du cousin piquant.

tres enfin s'attaquent à nous-mêmes, comme le cousin, la puce, etc.

On divise les insectes en deux groupes, suivant leur manière de prendre leur nourriture : les insectes qui rongent ou broient leurs aliments, et les insectes qui les sucent seulement. Les insectes broyeurs ont la bouche dure

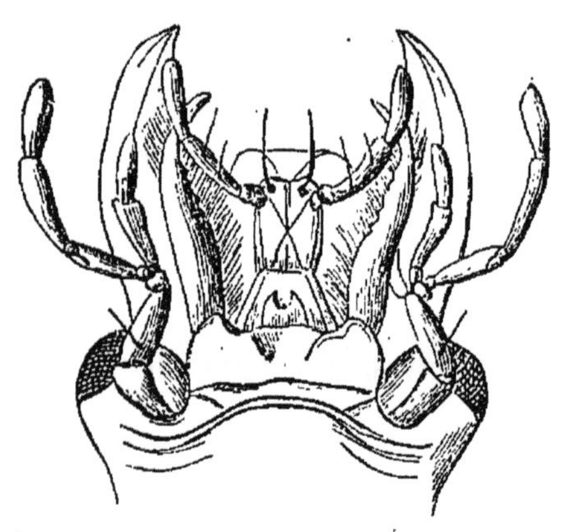

Bouche d'insecte broyeur.

et armée de petites pinces tranchantes qui coupent et broient les feuilles des plantes, la chair des fruits, et le bois même. Les insectes suceurs ont les mâchoires terminées en forme de trompe creuse comme un tube délié, à travers lequel ils aspirent la liqueur de leur goût. Voyez la jolie trompe du papillon, enroulée pendant le vol comme une spirale, et se déroulant avec souplesse aussitôt que le papillon se pose sur une fleur.

Les organes de la digestion se composent, chez les insectes comme chez les autres animaux, de l'estomac, de l'intestin, et de petits vaisseaux absorbants qui puisent dans la nourriture la partie propre à faire du sang. Mais les organes de la respiration et de la circulation sont tout différents de ceux des vertébrés.

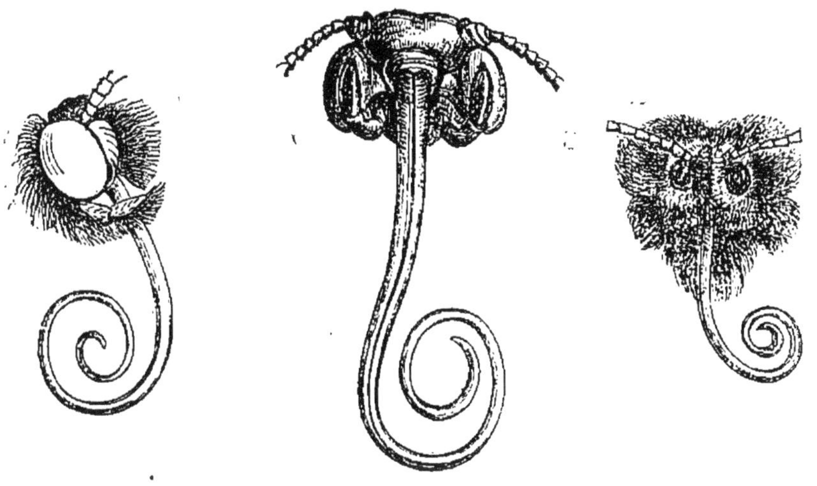

Têtes et trompes de papillons.

QUESTIONNAIRE.

Les insectes ont-ils tous la même manière de se nourrir? — De quoi se nourrissent les insectes? — Quelle est la forme de la bouche des insectes broyeurs? — des insectes suceurs?

— Quelles sont les principales pièces des organes de digestion des insectes?

Organes de respiration et de circulation.

D'abord les insectes ne respirent ni par des poumons comme les mammifères; ni par des branchies comme les poissons. Ils respirent par des ouvertures situées de chaque côté de leur corps, et communiquant avec de petits canaux semblables à des veines, par lesquels l'air extérieur pénètre à l'intérieur pour se mêler au sang de l'animal. Ces petits canaux s'appellent des *trachées;* aussi dit-on : *les insectes respirent par des trachées.*

Quant à leur sang, il est rouge dans quelques espèces, mais dans le plus grand nombre il est incolore, c'est-à-dire sans couleur. Les insectes n'ont pas de cœur véritable. Ils ont seulement le long de leur dos une artère un peu plus grosse que les autres, qui a la propriété de se dilater et de se contracter alternativement. Ce double mouvement, qui imite un peu les pulsations du cœur des autres animaux, suffit pour pousser le sang des insectes, et le faire circuler à travers les canaux imperceptibles qui s'entre-croisent dans toutes les parties de leur corps.

QUESTIONNAIRE.

Comment respirent les insectes? — Le sang des insectes est-il toujours rouge? — Qu'est-ce qui remplace le cœur chez les insectes? — Comment se nomment les petits conduits qui servent à la respiration des insectes?

CLASSE DES ARACHNIDES.

Leurs traits généraux.

Les araignées, que vous connaissez fort bien, sont le type, c'est-à-dire le modèle de la classe d'animaux appelés : les *arachnides.* Ils ont tous huit pattes, et leur corps est divisé en deux parties seulement. La tête et le corselet réunis forment une partie, l'abdomen forme l'autre. Les arachnides sont presque toutes des animaux carnassiers. Vous savez déjà que l'araignée se nourrit de mouches, et porte de chaque côté de la bouche deux crochets venimeux pour saisir sa proie, et la blesser en l'empoisonnant avant de lui sucer le sang[1].

1. Voyez *Zoologie des écoles*, 5e série.

Les arachnides sont organisées intérieurement à peu près comme les insectes. Elles pondent des œufs, et la plupart respirent par des trachées.

Araignée et sa toile.

Mais elles n'ont pas d'*antennes*. En revanche, beaucoup d'entre elles ont quatre, six, et même huit yeux, situés sur le dessus de la tête, tandis que les insectes n'ont ordinairement que deux yeux.

Les araignées filent, c'est-à-dire produisent par de petits trous situés à l'extrémité de leur abdomen une espèce de soie dont elles font le piége à insectes qu'on appelle *toile d'araignée;* elles en enveloppent aussi leurs œufs, et même le corps de leurs victimes quand elles sont lentes à mourir.

Outre les araignées, il faut encore citer dans le groupe des arachnides de très petits animaux qui se cachent sous la peau de l'homme, et produisent la gale, maladie répugnante, comme l'*acarus;* ou des rougeurs et des démangeaisons insupportables, comme les *rougets*, si communs dans l'herbe à l'automne.

Dans le fromage se trouvent aussi des animaux de la même classe : ils sont tous aussi laids et aussi répugnants les uns que les autres.

D'autres espèces de la classe des arachnides sont les *scorpions*, animaux dont la bouche est accompagnée de deux pinces rappelant celles des écrevisses; et dont le corps s'allonge en forme de queue, terminée par un crochet aigu. Ce crochet porte à sa base un petit sac rempli de venin, comme les crochets des serpents. Aussi la piqûre que font les scorpions avec cet aiguillon venimeux est-elle très douloureuse. Dans certains pays chauds elle peut même donner la mort. Il y a des scorpions dans le midi de la France, mais les plus gros et les plus redoutables habitent l'Afrique et l'Amérique.

QUESTIONNAIRE.

A quoi reconnaît-on les arachnides? — De quoi vivent les animaux de cette classe? — De quel organe leur bouche est-elle pourvue? — Comment respirent les arachnides? — Ont-ils des antennes?

Les arachnides ont-ils parfois plus de deux yeux? — Décrivez le scorpion. — Où est son venin? — Où trouve-t-on des scorpions?

CLASSE DES MYRIAPODES.

Leurs traits généraux.

Les *myriapodes* ressemblent à des vers bruns ou noirs, ronds ou plats, auxquels on aurait ajouté un grand nombre de pattes. Leur nom signifie en effet : *dix mille pieds.* Ce nombre est de beaucoup exagéré; mais ils n'en ont jamais moins de douze paires, ce qui est déjà considérable.

Les myriapodes sont généralement carnassiers. Ils respirent par des trachées comme les insectes; mais leur corps est uniquement composé d'une suite d'anneaux. La tête, avec ses deux petites antennes, se distingue du reste.

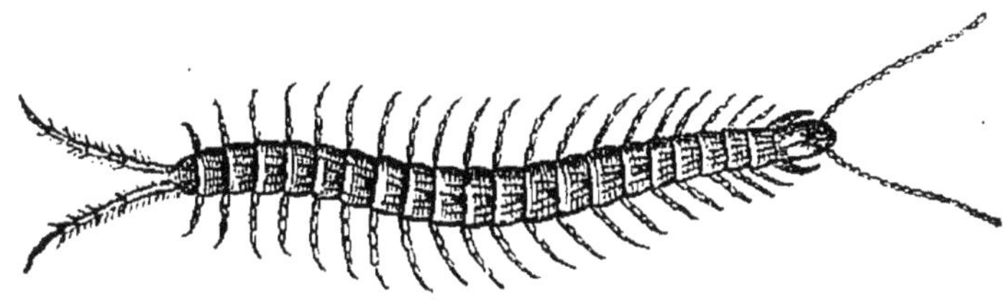

Scolopendre (myriapodes).

A chacun des anneaux est fixée une paire de pattes, quelquefois même deux paires.

En Amérique se trouvent des myriapodes qui atteignent jusqu'à douze centimètres de longueur, et sont assez dangereux à cause de leur venin. Mais, dans notre pays, ils sont à peu près inoffensifs, et n'ont guère plus de trois à cinq centimètres. Citons les *scolopendres*, bruns, brillants, aplatis, courant très vite, qui habitent les endroits humides, et que l'on trouve parfois dans les caves, ou dans les jardins sous des vases de fleurs.

QUESTIONNAIRE.

Que signifie le nom de *myriapodes*, donné à une classe d'animaux? — Qu'est-ce qui fait reconnaître les myriapodes? — Les myriapodes de nos pays sont-ils dangereux? — En existe-t-il de plus grands et de plus à craindre? — Dans quel pays?

CLASSE DES CRUSTACÉS.

Leurs traits généraux.

En examinant le corps d'un homard, d'une écrevisse ou d'une crevette, il ne vous sera pas difficile d'observer les *articles* des *crustacés*. Vous remarquerez aussi que les *dix* pattes de ces

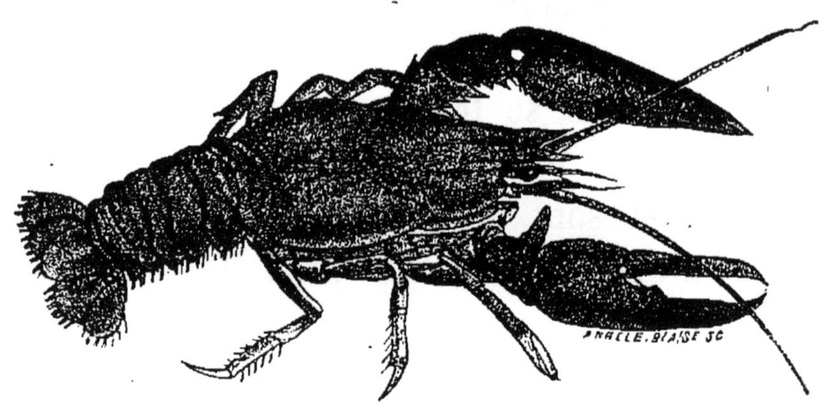

Écrevisse (crustacés).

animaux sont articulées comme celles des insectes; leurs pinces sont simplement leur première paire de pattes, modifiée de manière à pouvoir saisir la nourriture.

Ces animaux vivent presque tous dans l'eau, et respirent par des branchies à la manière des poissons. Il y a un petit crustacé qui fait exception à cette règle, c'est le *cloporte*, et la raison en est facile à comprendre : le cloporte vit sur la terre. Vous en trouvez parfois des groupes nombreux logés dans les trous des murs, ou sous des pots de fleurs.

Au premier abord, on prendrait le cloporte pour un insecte, mais son enveloppe solide et articulée, semblable à celle qui recouvre l'abdomen des écrevisses, vous le fera reconnaître comme appartenant à la classe des crustacés.

QUESTIONNAIRE.

A quoi reconnaît-on les crustacés? — Ont-ils le corps *articulé?* — Que sont les *pinces* d'une écrevisse ou d'un homard? — Où vivent presque tous les crustacés? — Comment respirent-ils? Citez un petit crustacé *terrestre*.

CLASSE DES ANNÉLIDES.

Leurs traits généraux.

Les vers ou *annélides* ont leur corps composé d'anneaux, ainsi que l'indique leur nom; mais ils ne sont pas, comme les crustacés, protégés par une enveloppe résistante, et ils n'ont pas du tout de pattes. Cette absence de pattes vous aidera à ne pas confondre les vers véritables avec certaines larves d'insectes, comme celles que l'on trouve dans les fruits, et que l'on prend à tort pour des vers. Regardez bien ces larves, vous verrez qu'elles ont six petites pattes dans la partie de leur corps qui deviendra le corselet de l'insecte parfait. Ces six pattes se voient également très bien dans les chenilles, en ne tenant pas compte des *fausses* pattes qui s'étendent sous le reste du corps, et disparaissent dans la dernière transformation.

La plupart des vers ont le sang rouge. Beaucoup d'espèces vivent dans la mer ou dans les eaux douces. La sangsue est une annélide d'eau douce. Les vers aquatiques respirent d'une manière analogue à celle des poissons. D'autres vivent sur la terre comme les lombrics, et respirent par des trachées.

Il y a des vers qui habitent l'intérieur du corps de l'homme. Tel est le *ténia,* appelé ordinairement *ver solitaire;* mais quoique ces animaux aient beaucoup d'analogie avec les annélides, ils sont placés dans une autre branche.

Enfin il y a d'autres vers dont le corps est extrêmement effilé, que l'on peut dessécher, conserver en cet état dans une boîte pendant plusieurs années, et qui reprennent le mouvement et la vie quand on les remet dans l'eau.

Tous les vers pondent des œufs. Les sangsues, et quelques autres espèces, enferment

Sangsues et leurs cocons.

leurs œufs dans une sorte de cocon feutré gris, qui se forme autour de leur corps, et mettent ce cocon à l'abri dans les petites cavités de la terre humide.

QUESTIONNAIRE.

De quoi est formé le corps des annélides? — Les annélides ont-ils des pattes? — Avec quoi confond-on quelquefois les véritables vers? — A quoi peut-on distinguer un ver d'une larve d'insecte? — Y a-t-il des annélides qui vivent dans les eaux et parmi le limon? — Les vers pondent-ils des œufs? — Dans quels endroits les sangsues placent-elles leurs œufs?

BRANCHE DES MOLLUSQUES.

Organisation des mollusques.

Parlons maintenant des colimaçons, des limaces, des huîtres, des moules, enfin de tous ceux que nous connaissons parmi les animaux dont le corps est mou, et que, pour cette raison, on nomme *mollusques*. Vous savez que les limaçons vivent dans les champs, les jardins; que les huîtres, les moules, vivent dans les eaux de la mer. L'huître a deux coquilles aplaties, qu'elle rapproche quand elle veut s'enfermer chez elle, et tient closes comme une tabatière. L'huître ferme sa porte si solidement que, lorsqu'on veut la manger, il faut l'ouvrir de force avec la lame d'un couteau. Sa résistance, dans ce cas, tient à la force des muscles fixés d'une coquille à l'autre, et au moyen desquels l'animal ouvre ou ferme sa demeure. Ces deux coquilles s'appellent des *valves*. Quand l'huître, la moule, et tous les mollusques aquatiques à deux valves, ne

Huîtres au fond de l'eau.

peuvent plus tenir leur porte fermée, que leur petite maison s'ouvre à notre volonté, c'est que les muscles intérieurs ne fonctionnent plus : c'est que la bête est morte.

Le limaçon de terre n'a, lui, qu'une seule

valve ou coquille, faite d'un seul morceau, et tournée en *spirale* ou tire-bouchon. Cette coquille n'a point de porte; mais certains colimaçons marins ont une espèce de petite plaque qu'ils attirent à volonté, et qui s'appelle : *opercule*.

Enfin les limaces n'ont point de maisons du tout. Vous connaissez ces petites limaces blondes ou grises qui mangent les salades dans les jardins? Et ces grosses limaces d'un brun roux qui se promènent dans l'herbe des fossés? Toutes ces espèces rampent nues sur le sol; c'est pourquoi on les appelle : *mollusques nus*.

Les limaces sont nues, parce qu'il n'est pas dans leur nature de se construire une maison comme les limaçons et les huîtres; car ces derniers construisent leur maison eux-mêmes, voici comment :

Tout le corps des mollusques est enveloppé d'une peau molle appelée le *manteau*, d'où suinte continuellement une matière qui se dépose autour de l'animal, et se durcit peu à peu en prenant la forme de la bête. Si bien que la maison est, on peut le dire, moulée sur son propriétaire. A mesure que le propriétaire grandit, le manteau produit de quoi agrandir la maison.

Une nouvelle couche de matière s'ajoute à la coquille de l'huître, une nouvelle bordure à celle du colimaçon; et vous pouvez voir ces agrandissements successifs marqués par autant de raies sur les coquilles de ces mollusques. De même quand, par suite d'un accident, la petite maison a été trouée ou endommagée, le *manteau* produit de quoi la réparer, et met en peu de temps une pièce neuve à la place du trou.

La plupart des mollusques ont un cœur. Ceux qui vivent dans l'eau respirent par des branchies; ceux qui vivent sur la terre respirent par des poumons. Tous pondent des œufs.

Parmi les mollusques aquatiques à une seule valve, citons, comme étant bien connus sur les bords des rivières ou de la mer : les *paludines* et les *planorbes,* qui vivent dans l'eau douce des ruisseaux et des étangs; les *troques de Pharaon,* en forme de cônes aux rayures de couleur; les *rochers* en spirale allongée, et hérissés de pointes; les jolies *porcelaines* blanches et roses que les enfants aiment tant à ramasser sur les plages.

Les mollusques dont les coquilles sont formées de deux valves, sont presque tous marins. Aux huîtres et aux moules nous ajouterons les *bucardes*, les *peignes*, ainsi nommés parce qu'ils ressemblent un peu aux peignes avec lesquels les femmes retiennent leurs cheveux. Si jamais vous allez voir la mer, vous trouverez sur les rivages des milliers de ces coquilles, rayées des plus fraîches couleurs. En certains endroits la plage en est tellement couverte, qu'en marchant on les sent craquer sous ses pieds.

Les mollusques nus, c'est-à-dire sans coquille, sont aussi enveloppés d'un *manteau*, mais ce manteau ne produit pas la matière dont se composent les valves ou coquilles. Il y a dans les eaux salées un très grand nombre de mollusques nus, dont quelques-uns ressemblent à la limace, et se nourrissent de végétaux qui croissent au fond de la mer.

Enfin, disons un mot d'un autre habitant des mers : le *poulpe* ou *pieuvre*, grand mollusque nu, dont le corps, en forme de bourse gonflée, est armé de longs bras flexibles et gluants, appelés *tentacules*. Les tentacules du poulpe, au nombre de huit, sont garnies de milliers de petites ventouses ou suçoirs, à l'aide desquels l'animal s'attache, en aspirant, aux objets qu'il veut saisir. C'est avec ses tentacules qu'il marche et se fixe sur les rochers; ou qu'il arrête

Poulpe ou pieuvre.

les animaux dont il veut se nourrir. Cet animal hideux a des yeux énormes, placés à la naissance du sac qui forme son corps; sa bouche, située en dessous, au centre de ses tentacules, est formée de deux lèvres dures et pointues comme un bec de perroquet. Il vit de proie, et dévore gloutonnement toute sorte de poissons, de mollusques, de crustacés.

Enfin la mer renferme, dans ses vastes et profondes étendues, d'autres espèces de mollusques soit *nus*, soit logés dans des *valves*, dont la beauté, la forme et l'éclat vous étonneront, s'il est un jour possible de vous les faire connaître.

QUESTIONNAIRE.

Qu'est-ce qu'un mollusque? — Qu'appelle-t-on le *manteau* d'un mollusque? — Comment se forme la coquille des mollusques? — Qu'est-ce qu'on appelle *valve?* — Citez des coquilles à une seule valve. — Citez des mollusques d'eau douce, d'eau de mer, à une seule valve. — Citez des mollusques à deux valves.— Où les trouve-t-on? — Citez un grand mollusque dépourvu de coquille — Décrivez le poulpe. — Y a-t-il, dans les eaux de la mer, d'autres mollusques *nus* comme le poulpe? — Y en a-t-il qui ont une forme tout à fait différente?

BRANCHE DES RAYONNÉS.

Organisation des rayonnés.

Les mollusques que nous venons d'observer sont, n'est-il pas vrai, des animaux bien inférieurs au chien, et à tous les animaux que nous connaissons. Leurs organes sont peu nombreux, et leur instinct se borne à peu de chose. Pourtant il existe des animaux beaucoup plus simples encore, plus bornés, qui n'ont presque rien de l'animal. Quand on se promène sur les rivages, et que la mer est calme, on distingue dans les eaux transparentes un objet rond comme une assiette renversée, d'où pendent des espèces de guirlandes *flexibles*. Cet objet est d'un blanc gris, translucide comme de la colle de pâte. A certaines époques, il se borde d'un petit feston bleu délicat et charmant. Cet objet, c'est un animal vivant, une *méduse*. Les petites guirlandes qui pendent en dessous sont terminées à leurs extrémités par des ouvertures qui sont les bouches de l'animal.

Le trait particulier des méduses, et de beaucoup d'autres espèces, est d'avoir leurs organes disposés autour d'un point commun, comme les rayons d'un cercle autour du centre. C'est pourquoi on les appelle : *rayonnés*. La branche des animaux rayonnés, c'est-à-dire des animaux dont le corps est disposé autour d'un point central, renferme des espèces nombreuses.

Astérie ou étoile de mer.

Parmi les rayonnés il en est qui ont la peau épaisse, dure, garnie de piquants, comme les *oursins*. D'autres ont la forme d'une étoile à plusieurs branches, et rampent lentement sur le sable, comme l'*étoile de mer* ou *astérie*. D'autres au contraire, tels que les *méduses*, flottent dans l'eau, sont transparentes, et changent de forme. Il y en a qui, fixés au rocher par un pied, comme une plante par sa racine, étalent dans l'eau les fils ou tentacules qui entourent leur bouche, et saisissent au passage les petits animaux dont ils se nourrissent. Leurs tentacules ressemblent à de légères franges ou de légers feuillages s'agitant autour d'une fleur épanouie. Mais aussitôt que ces tentacules sont touchés par un objet flottant dans l'eau, ils se referment sur cet objet, le saisissent et le font descendre dans la cavité qui est leur estomac. On nomme ces rayonnés : *actinies*, et *anémones* de mer. Il y en a un grand nombre d'espèces, de rouges, de brunes, de blanches, de vertes, de jaunes ; et leurs formes diffèrent suivant leurs espèces.

Enfin, ce qui vous paraîtra plus extraordinaire encore, il y a des espèces d'animaux qui, réunis en grand nombre, et groupés les uns sur les autres, composent une sorte d'arbuste couvert de branches, dont chaque petit animal est une fleur. Dans les végétaux ce sont les arbres qui forment leurs branches et leurs fleurs ; tandis

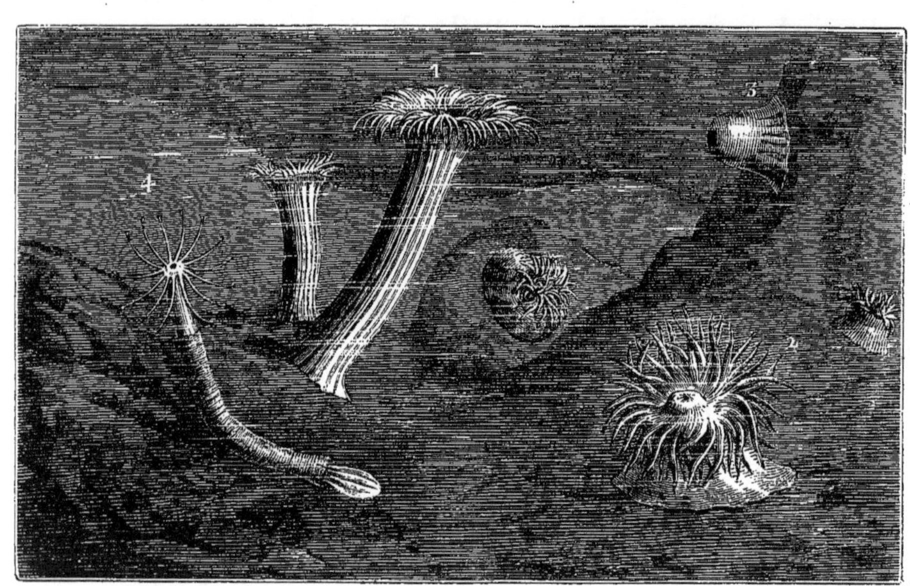

Actinies et anémones de mer.

que chez les rayonnés ce sont les petits animaux-fleurs qui forment eux-mêmes l'arbre sur lequel ils sont portés. Ces rayonnés sont ce qu'on appelle des *polypes ;* et les petits arbres formés par les polypes s'appellent des *polypiers*.

Les polypiers sont formés d'une matière que

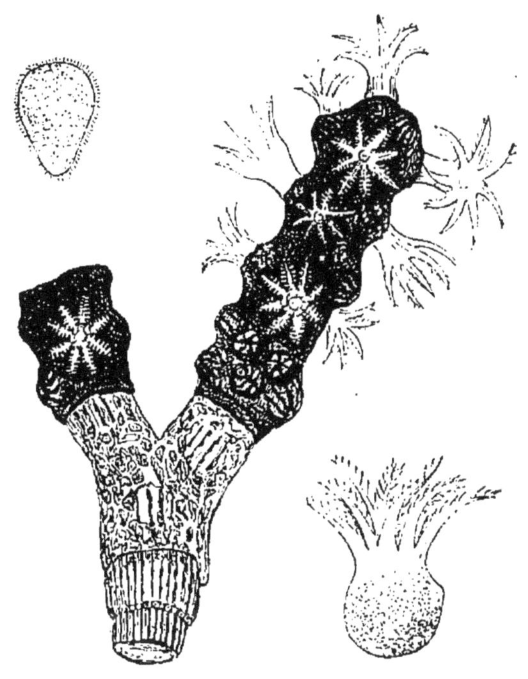

Polypier et animaux du corail (grossis).

produisent les petits animaux, et qui devient dure comme de la pierre. Le plus beau des polypiers est le *corail,* cette substance pierreuse d'un beau rouge, quelquefois rose, dont on fait des colliers, des bracelets, etc.

Quelque simple que soit l'organisation des rayonnés, il est d'autres animaux plus simples encore, et que l'on nomme *infusoires*. Ceux-là sont si petits qu'on ne les voit pas, bien qu'une seule goutte d'eau en contienne plusieurs milliers. Les eaux croupies des marais en renferment des quantités innombrables. Certaines espèces de ces animaux sont semblables à des boules terminées par une queue; d'autres ont la forme de petits serpents. Tous se meuvent avec une vitesse étonnante; car ils naissent, vivent et meurent dans l'espace de quelques heures. Plus tard, mes enfants, nous vous expliquerons par quel moyen on est parvenu à connaître l'existence, les formes et la manière de vivre de ces animaux, si prodigieusement petits qne l'œil le plus habile ne saurait les apercevoir sans le secours d'un verre grossissant appelé microsacope.

QUESTIONNAIRE.

Pourquoi certains animaux sont-ils appelés *rayonnés ?* — Citez un rayonné à peau épaisse et épineuse. — Citez un rayonné qui vit fixé au rocher et ressemble à une fleur épanouie. — Quelle est la forme du corail ? — Qui a produit la substance dure où se trouvent les petits animaux rayonnés du corail ? — Y a-t-il des animaux encore plus simples que les rayonnés ? — Indiquez la forme de quelques-uns de ces animaux. — Où se trouvent-ils généralement? — Comment peut-on les voir ? — Vivent-ils longtemps?

TABLEAU RÉSUMÉ DE LA CLASSIFICATION.

Ainsi, toute la vie animale est comme un arbre divisé en cinq grandes *branches* ou *embranchements*.

Premièrement : la grande *branche* des animaux *vertébrés,* supérieurs à tous les autres, comprenant cinq classes qui sont :

1° Les mammifères;

2° Les oiseaux ;

3° Les reptiles;

4° Les batraciens ;

5° Les poissons.

Dans la classe des *Mammifères*, marcheurs et nageurs, nous avons étudié dix ordres, qui sont :

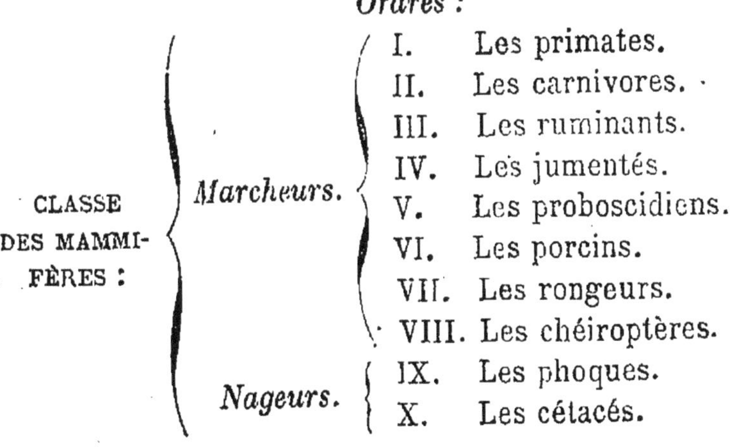

		Ordres :	
CLASSE DES MAMMIFÈRES :	*Marcheurs.*	I.	Les primates.
		II.	Les carnivores.
		III.	Les ruminants.
		IV.	Les jumentés.
		V.	Les proboscidiens.
		VI.	Les porcins.
		VII.	Les rongeurs.
		VIII.	Les chéiroptères.
	Nageurs.	IX.	Les phoques.
		X.	Les cétacés.

La classe des oiseaux se divise en six ordres qui sont :

Ordres :

CLASSE DES OISEAUX :	I. Les rapaces. II. Les grimpeurs. III. Les passereaux. IV. Les gallinacés. V. Les échassiers. VI. Les palmipèdes.

La classe des reptiles se divise en trois ordres qui sont :

Ordres :

CLASSE DES REPTILES :	I. Les ophidiens (serpents venimeux et non venimeux). II. Les sauriens et les crocodiliens. III. Les chéloniens (tortues).

La classe des batraciens contient plusieurs ordres parmi lesquels nous avons nommé :

CLASSE DES BATRACIENS :	Les grenouilles, crapauds, etc. Les salamandres de terre et d'eau.

La classe des poissons contient un très grand nombre d'ordres ; nous les avons seulement divisés en :

CLASSE DES POISSONS :	I. Poissons osseux. II. Poissons cartilagineux.

Deuxièmement : la *branche* des animaux *articulés* comprend cinq classes qui sont :

1° Les insectes ;
2° Les arachnides ;
3° Les myriapodes ;
4° Les crustacés ;
5° Les annélides.

La classe des insectes comprend huit ordres qui sont :

		Ordres :		*Types :*
CLASSE DES INSECTES :	I.	Les lépidoptères	type :	(papillons).
	II.	Les hyménoptères	id.	(abeilles).
	III.	Les coléoptères	id.	(coccinelles).
	IV.	Les hémiptères	id.	(cigales).
	V.	Les orthoptères	id.	(sauterelles).
	VI.	Les diptères	id.	(mouches).
	VII.	Les névroptères	id.	(libellules ou demoiselles).
	VIII.	Les aptères	id.	(puces).

La classe des arachnides comprend plusieurs ordres parmi lesquels nous avons principalement nommé :

CLASSE DES ARACHNIDES :	I. Les araignées. II. Les scorpions.
CLASSE DES MYRIAPODES :	Les scolopendres.
CLASSE DES CRUSTACÉS :	Les écrevisses, homards, crabes, crevettes, cloportes.
CLASSE DES ANNÉLIDES :	Les lombrics, sangsues, vers de terre, etc.

Troisièmement : La *branche* des *mollusques* ou animaux mous, dans laquelle nous avons distingué les *mollusques nus*, les *mollusques à une valve*, et les *mollusques à deux valves*. Cette branche contient :

Les colimaçons, les limaces.
Les huitres, moules, coquillages de toutes sortes.

Quatrièmement : La *branche* des animaux *rayonnés*, contenant plusieurs classes auxquelles appartiennent :

Les méduses, oursins, étoiles de mer, anémones de mer, coraux, etc.

Enfin, la cinquième *branche* contenant des animaux si petits qu'ils sont invisibles à l'œil nu, et dont nous vous parlerons davantage l'année prochaine[1].

QUESTIONNAIRE.

Nommez les cinq branches ou embranchements de la vie animale. — Citez les grandes classes d'animaux composant le premier embranchement. — Le second. — Le troisième, etc. — Citez les ordres principaux de la classe des mammifères, des oiseaux, etc., etc.

1. Voyez le *Manuel* de la période élémentaire.

RÈGNE VÉGÉTAL.

Distinction des deux ordres de fonctions et d'organes.

Comme c'est beau un arbre, n'est-ce pas, chers enfants! Un grand chêne avec ses branches épaisses, son feuillage touffu et découpé. Et un peuplier au bord de l'eau, s'élevant droit et mince couvert de jolies feuilles en cœur, que le moindre vent agite avec un petit murmure charmant! Que c'est beau aussi un rosier tout chargé de fleurs embaumées! Et les petites pâquerettes blanches bordées de rose qui croissent dans les chemins! Et les bleuets! Et les primevères, ces premières fleurs du printemps qui croissent dans les prés, et avec lesquelles on fait des balles qu'on peut se lancer même au visage sans se blesser, tant elles sont douces et tendres! Et les coquelicots! Toutes les plantes sont admirables, même l'herbe. Quelle est donc la fleur, grande ou petite, qui ne soit délicate, fraîche, ravissante; et ne fasse plaisir à voir?

Et les plantes qui servent à notre nourriture

ne sont-elles pas précieuses pour nous, et dignes de notre attention? Le blé qui nous fournit le pain; la vigne qui nous fournit le vin. Et les fruits : les pommes, les cerises, les marrons, les noix, les groseilles dont on fait des confitures. Et le sucre, le café, le chocolat! Toutes ces bonnes choses, ainsi que beaucoup d'autres, nous sont données par des plantes; de même que le chanvre et le lin dont on fait de la toile de ménage, des cordes, des ficelles; et ces grandes voiles de navires qui s'enflent au vent, et font ressembler le navire à un grand oiseau qui vole sur les mers. Et le coton avec lequel on tisse le calicot, la percale; et l'ortie avec laquelle on fabrique de la dentelle; et l'aloès avec lequel on fait des pantoufles élégantes, de jolis paniers, et de grands chapeaux qui abritent du soleil. Tous ces végétaux ne sont-ils pas très intéressants à connaître? Étudions-les donc rapidement, et gaîment si vous voulez.

Une plante, vous vous en souvenez, est un être vivant, un *être organisé*, c'est-à-dire pourvu d'organes qui lui servent à accomplir les diverses fonctions de sa vie. Mais vous savez aussi que la vie du végétal n'est pas semblable à celle des animaux. Ainsi, les végétaux ne se transportent pas d'un lieu à un autre comme le chien, l'oiseau. Les végétaux ressembleraient plutôt à ces animaux inférieurs dont nous avons parlé à la fin du chapitre précédent, qui vivent fixés à un rocher marin, comme un arbre, une plante quelconque, reste fixée au sol par ses racines.

Les plantes n'ont pas d'organes des sens. Elles sentent peut-être à leur manière, mais cette manière n'est pas celle des animaux. Les plantes ne possèdent pas non plus d'organes pour le mouvement volontaire; pourtant elles exécutent certains mouvements peu apparents que nous observerons plus tard, comme un fait curieux. Mais la plante, si petite et si frêle au sortir de sa graine, croît et se développe. Elle se nourrit, non pas comme nous autres grandes personnes, uniquement pour entretenir notre corps tel qu'il est; mais elle se nourrit comme vous, enfants, pour s'entretenir et aussi pour grandir; car une plante va toujours grandissant, dans les limites de son espèce, jusqu'au moment où elle meurt. Au printemps, la plante produit les fleurs dans lesquelles se forme le fruit, destiné à mûrir et à germer à son tour.

La floraison est le plus beau moment de la vie des plantes, le moment où elles sont dans toute leur parure, et où elles nous intéressent davantage.

Ainsi, se nourrir et croître, fleurir et fructifier (ou porter fruit), voilà les deux ordres de fonctions de la plante. Pour les accomplir elle porte deux genres d'organes : les organes de la nutrition et les organes de la fructification[1].

Examinons un peu ces organes et leurs fonctions; nous disons *un peu*, cela signifie : comme votre mère pourrait vous l'apprendre.

QUESTIONNAIRE.

Une plante est-elle un être *organisé?* — A quels animaux le végétal ressemble-t-il davantage? — Les plantes ont-elles des *sens?* — Ont-elles des *organes de mouvement?* — Certaines plantes peuvent-elles cependant exécuter certains mouvements? — Quels sont les deux grandes fonctions de la vie des plantes?

1. Le mot fructification subit ici une légère extension de sens. Voyez le *Manuel* de la période élémentaire.

FONCTIONS DE NUTRITION.

La racine.

L'essentiel pour grandir c'est de se nourrir. L'enfant a une bouche et il mange; la plante a des racines, et par ses racines elle absorbe les sucs de la terre.

Les racines ont en outre la fonction de fixer solidement la plante sur le sol. Elles s'enfoncent dans la terre, et s'y cramponnent pour ainsi dire, à l'aide d'une quantité de petits rameaux qui sont à la racine comme les branches sont à la tige. Au printemps, lorsque les branches se couvrent de feuilles, ces petits rameaux souterrains se couvrent d'une quantité de filaments bruns, fins comme des cheveux, qu'on appelle pour cette raison, le *chevelu* de la racine.

Remarquez ici une première différence entre la manière dont se nourrissent un végétal et un animal. L'animal prend ses aliments au dehors, il les introduit en lui, puis il les broie, les délaie intérieurement par ses organes de digestion; et c'est seulement quand la nourriture est transformée en pâte, que de petits canaux, semblables à des racines, absorbent la partie nutritive de ces sucs, appelée chyle, pour en faire du sang. La plante, elle, ne prépare pas ses aliments; elle aspire directement dans la terre humide les sucs propres à lui faire de la séve. Nous disons : dans la terre *humide*, car c'est l'eau qui, en montant dans l'intérieur de la plante, emporte avec elle les sucs qui la nourrissent. Vous savez bien que lorsque la terre est sèche à leur pied, les plantes se flétrissent et meurent, comme mourrait une personne qui ne recevrait plus de nourriture.

Posez un oignon de jacinthe sur un vase assez rempli d'eau pour que les racines soient baignées. Bientôt vous verrez la jacinthe végéter. La tige s'élèvera et fleurira à mesure que les racines s'allongeront dans le vase. Chaque jour, en même temps, vous remarquerez que l'eau diminue, et qu'il faut en ajouter de nouvelle. Que devient-elle donc cette eau ? Ce qu'elle devient? La plante la boit : la quantité d'eau qui manque dans le vase a été absorbée par les racines.

Il y a parmi les plantes des racines de deux sortes. Regardez un radis, une betterave, un navet. La partie qu'on mange est une grosse racine terminée en pointe, qui s'enfonce en terre

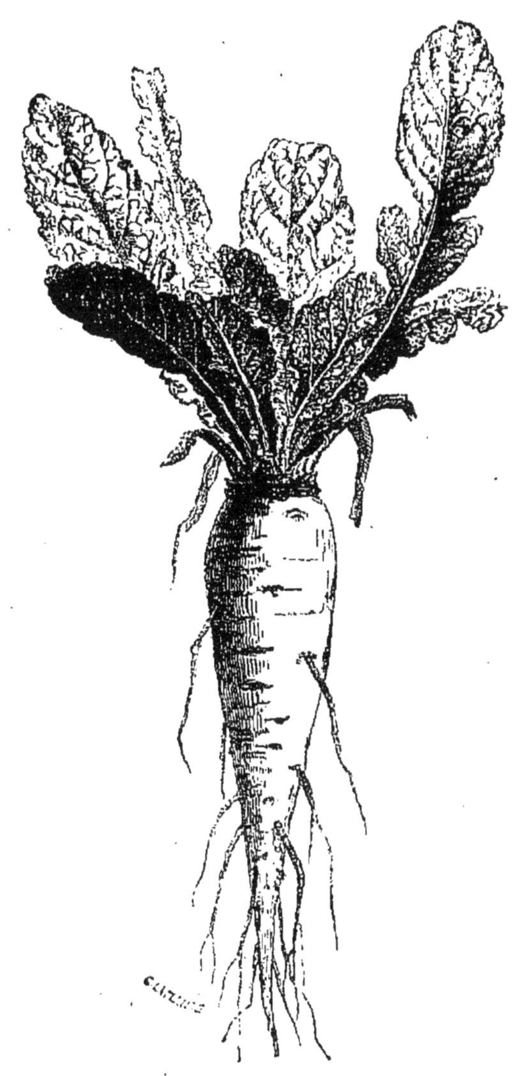

Navet (racine pivotante).

comme un pivot. Les racines ainsi disposées en pivot sont appelées *pivotantes*. De petites racines très grêles partent en tous sens de la racine principale, et absorbent les sucs de la terre qui ser-

Chou (racine fasciculée).

viront à nourrir et à faire grandir la plante. On les nomme *radicelles*, mot qui signifie petites racines. Beaucoup de racines pivotantes sont tendres, peuvent se cuire et servir à notre nourriture. Ainsi celles dont nous venons de parler, plus les salsifis, les carottes, etc. D'autres, au contraire, sont dures comme du bois et impropres à notre nourriture, comme celles des *parelles* communes dans les champs, celles des sapins, qui sont des arbres, etc.

En examinant la racine d'une touffe d'herbe, ou d'un pied de blé, d'un chou, d'un poireau, vous remarquerez qu'il ne s'y trouve pas de grosse racine en forme de pivot, comme celle des navets et des carottes; mais que les racines de ces plantes forment comme un faisceau de fibres plus ou moins entre-croisées. Toutes les racines dont la disposition est analogue à celles-ci sont appelées : *racines fasciculées*, c'est-à-dire racines en faisceau.

QUESTIONNAIRE.

Qu'est-ce que la *racine?* — Quelles sont les deux fonction de la racine? — Quel rapport et quelle différence y a-t-il entre la manière dont la plante se nourrit, et celle dont l'animal absorbe sa nourriture? — Qu'est-ce que la racine absorbe dans la terre? — Qu'est-ce qu'une racine pivotante? — Citez des exemples de racines pivotantes. — Qu'est-ce qu'une racine *fasciculée?* — Citez-en des exemples[1].

1. Voyez le *Manuel*.

Ascension et confection de la séve.

Nous venons de voir comment les plantes absorbent les liquides de la terre, qui sont pour elles ce que le produit de la digestion est pour les animaux. De même que le chyle n'est pas encore du sang, les sucs de la terre ne sont pas encore de la séve nourrissante. Voyons comment s'effectue cette importante transformation.

C'est la combinaison de l'air avec le chyle qui forme le sang rouge; c'est de même l'action de l'air sur les liquides aspirés par la plante qui en fait de la *séve* parfaite. La combinaison a lieu pour les animaux dans leurs poumons; l'action de l'air sur la séve a lieu, pour les végétaux, dans leurs feuilles. La séve est donc véritablement comme le sang du végétal; mais elle reste incolore, c'est-à-dire sans couleur.

Voyons maintenant si la séve circule dans la plante comme le sang circule dans les animaux.

Si vous coupez en travers la tige d'une fleur, une petite branche d'arbre, de vigne par exemple, vous remarquerez que le bois de cette branche paraît tout criblé de petits trous. Et si c'est au printemps, c'est-à-dire au moment du grand mouvement de la séve, vous la verrez sortir de ces petits trous sous forme d'un liquide incolore ou verdâtre.

Outre les trous, vous verrez au centre des arbres et des branches un petit cercle, et autour de celui-ci d'autres cercles plus ou moins réguliers qui vont en s'élargissant jusqu'à l'écorce.

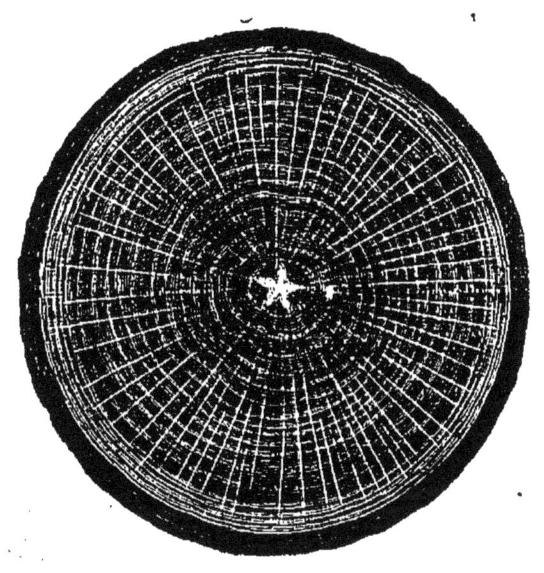

Coupe d'une branche d'arbre.

Les trous par lesquels sort la séve sont *la coupe* d'une quantité de vaisseaux ou tubes qui sont les vaisseaux de circulation de la séve; et le petit cercle du milieu est la coupe de ce qu'on appelle : *la moëlle.*

Les sucs liquides de la terre, absorbés par

les racines, montent par les tubes ou vaisseaux, se distribuent dans les branches, pénètrent dans les plus petits rameaux, et arrivent enfin dans les bourgeons et dans les feuilles, où ils vont recevoir l'action de l'air. Cette séve imparfaite qui monte est appelée : *séve ascendante.*

QUESTIONNAIRE.

Quelle est la fonction de la séve? — Comment la séve circule-t-elle dans la plante? — Les racines et les tiges d'un végétal (vasculaire) contiennent-elles de petits vaisseaux? — A quoi servent ces vaisseaux? — Par où la séve monte-t-elle dans les feuilles? — Qu'y va-t-elle faire? — Comment se nomme la séve qui monte?

Les Feuilles.

Les feuilles, mes enfants, ne sont pas seulement une parure pour la plante. Elles ne servent pas seulement à protéger les bourgeons et les fleurs, et à nous donner de l'ombrage. Les feuilles sont des organes nécessaires à la vie du végétal. Les plantes respirent; et leurs principaux organes de respiration, ce sont les feuilles.

La respiration d'un animal consiste, vous le savez, à prendre une certaine partie de l'air pour la combiner avec le sang de l'animal, et donner à ce sang les qualités nécessaires à l'entretien de la vie. De même, la respiration de la plante consiste à prendre dans l'air certaines matières gazeuses, pour les faire passer dans la

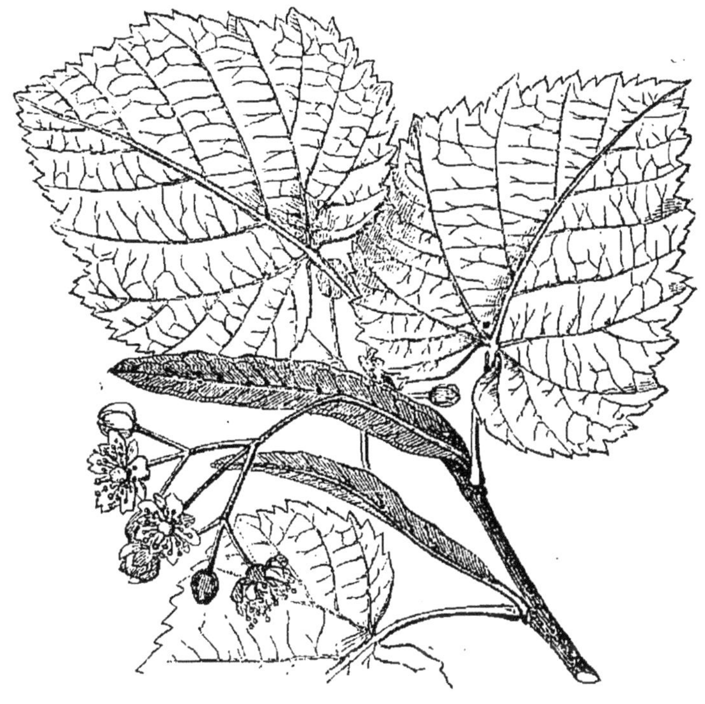

Feuilles et fleurs de tilleul.

séve, afin de lui donner les qualités nourrissantes propres à entretenir la vie de la plante.

Et comme l'animal renvoie dans l'air certains gaz et l'eau qu'il transpire, de même les feuilles *exhalent*, c'est-à-dire renvoient dans l'air, certains gaz et de la vapeur d'eau.

Examinez une feuille de plante quelconque, la feuille d'un rosier ou d'un tilleul par exemple. Vous observerez tout d'abord le petit pied qui porte cette feuille et l'attache au rameau. Ce pied s'appelle *pétiole*[1], mot qui signifie effectivement *petit pied*. Puis vous voyez que la feuille elle-même est une sorte de lame, de formes variées suivant les espèces, habituellement verte, flexible, demi-translucide. Cette lame verte c'est le *limbe* de la feuille. Le limbe est consolidé dans sa longueur et dans sa largeur par des fils partant du pétiole, et se distribuant dans toute la feuille. L'ensemble de ces fils ressemble à un réseau. C'est ce qu'on appele les *nervures* de la feuille. Les nervures sont comme les rameaux du pétiole.

Le limbe de la feuille est formé d'une matière tendre et spongieuse appelée *parenchyme*. Ce parenchyme est criblé d'une quantité de petites ouvertures pour l'entrée et la sortie des gaz de l'air. Le pétiole et les nervures sont les petits canaux par lesquels la séve circule dans la feuille.

QUESTIONNAIRE.

Les plantes respirent-elles? — Quel est l'organe (princi-

1. Prononcez : *Péciole*.

pal) de la respiration des plantes? — En quoi consiste la respiration d'une plante?

Quelles sont les trois parties de la feuille? — Que signifie le mot *pétiole?* — Qu'est-ce qu'une *nervure?* — Qu'est-que le *limbe* de la feuille? — De quoi est-il formé? — A quoi servent les nervures et le pétiole?

La séve descendante.

La séve incomplète qui monte des racines par les vaisseaux de la plante, et qu'on appelle séve *ascendante*, arrive donc jusqu'aux feuilles, y pénètre d'abord par le pétiole, puis se répand par les nervures, et imbibe toute l'étendue spongieuse du limbe. C'est alors, mes enfants, que la séve ascendante se trouvant en contact avec l'air qui pénètre les feuilles, en reçoit l'action et se perfectionne. Lorsqu'elle montait des racines aux feuilles elle n'était guère que de l'eau; en absorbant les gaz et les vapeurs de l'air qui pénètrent dans les feuilles elle devient la séve parfaite qui peut nourrir l'arbre, entretenir sa vie, lui former du bois nouveau, des tiges, des feuilles nouvelles, des fleurs et des fruits nouveaux. La séve alors redescend dans la plante. Elle ne passe plus par les vaisseaux du bois comme en montant; elle coule entre le bois et l'écorce, descendant des feuilles aux petits rameaux, des petits rameaux aux branches, des branches au tronc et aux racines, nourrissant tout, vivifiant tout sur son passage, et ajoutant chaque année une nouvelle couche de bois à la circonférence de l'arbre et des branches. De là vient que l'arbre et la branche grossissent chaque année, et de là viennent ces cercles ou couches successives que vous pouvez observer dans les branches coupées. Vous les verrez très distinctement dans un rondin de bois à brûler.

Les plantes ne respirent pas uniquement par les feuilles. De même que l'air pénètre plus ou moins par toute la surface de notre peau, de même la plante respire par toutes les parties qui la composent, principalement par les parties vertes. Aussi les feuilles, qui sont les principaux organes de la respiration des plantes, sont-elles généralement vertes.

Une chose vous étonnera peut-être, mes enfants : pour que les plantes respirent, il leur faut de la lumière. Une plante qui ne reçoit pas de lumière, ou qui n'en reçoit pas assez, ne respire pas convenablement; sa séve ne devient pas nourrissante, et bientôt la plante périt. Ou si elle ne meurt pas complétement, elle languit; elle est toute pâle, ses feuilles ne verdissent pas, elle ne fleurit ni ne fructifie; la pauvre plante s'affaiblit, et l'on dit qu'elle est *étiolée*.

C'est donc la lumière qui fait verdir les feuilles et les jeunes tiges; la preuve, la voici : observez un cœur de chou ou de laitue, vous verrez que les feuilles tendres de l'intérieur qui n'ont pas encore été exposées à la lumière, sont absolument blanches; tandis que les feuilles de dessus qui y ont été exposées, sont vertes. Si on laisse le chou ou la laitue grandir, les feuilles du cœur s'ouvriront à leur tour, s'étaleront, recevront l'action de la lumière, et deviendront vertes; alors seulement elles serviront à la respiration de la plante.

C'est à cause de la respiration des plantes qu'il est dangereux de garder des feuillages verts dans sa chambre, principalement après le soleil couché. Nous vous expliquerons cet intéressant phénomène, chers enfants, lorsque vous apprendrez les premières notions de cette belle science qu'on appelle la chimie.

QUESTIONNAIRE.

Par où la séve entre-t-elle dans la feuille? — Où se répand-elle? — Que devient la séve qui imbibe le limbe? — Quelle qualité la séve reçoit-elle de l'action de l'air? — Où va la séve ensuite, et par où passe-t-elle? — Que fait la séve descendante en circulant?

Quelle est la condition pour que les feuilles d'une plante remplissent convenablement la fonction de respirer? — Que deviendrait une fleur privée de lumière? — Qu'arrive-t-il à une partie de la plante qui n'est pas exposée à la lumière? — Pourquoi les feuilles encore tendres du *cœur* du chou, de la laitue, ne sont-elles pas vertes?

Le bourgeon.

Vous n'avez pas oublié, mes enfants, que chaque bourgeon d'un arbre, en se développant, produit une petite pousse qui devient un rameau; ou si vous voulez, une nouvelle tige qui produit à son tour d'autres bourgeons. Mais qu'est-ce donc qu'un bourgeon, et comment est-il fait intérieurement?

Observez au printemps les bourgeons qui se trouvent sur les branches d'un arbre, tel qu'un peuplier, un marronnier; ou d'un arbuste, tel qu'un rosier ou un lilas. Vous remarquerez que chaque bourgeon est enveloppé de petites écailles vertes ou brunes, se recouvrant et se pressant l'une l'autre. Si, avec la pointe d'une épingle vous écartez adroitement ces petites écailles, vous trouvez au milieu d'elles de véritables feuilles, à demi-formées, ayant déjà la disposition des feuilles de l'arbre, mais extrêmement petites, toutes plissées, repliées les unes sur les autres pour tenir moins de place, et toutes blanches encore, vous savez pourquoi. Toutes ces petites feuilles sont pressées autour d'une tige courte, mince, molle, presque imperceptible.

Tant de choses dans un si petit objet sont assez difficiles à distinguer pour des yeux peu exercés à bien voir. Mais il y a des bourgeons plus gros que ceux des arbres, et faciles à examiner. Prenez ce cœur de laitue ou ce cœur de chou dont nous parlions tout à l'heure, et étudiez-le, car il n'est autre chose qu'un très gros bourgeon. Vous y distinguerez facilement les feuilles repliées, blanches et tendres, et d'autant plus repliées, plus blanches et plus tendres qu'elles sont situées plus profondément. Vous observerez même leurs nervures déjà très distinctes; et au centre du bourgeon la tige blanche, et tendre aussi, sur laquelle les feuilles sont fixées. A mesure que le chou végète, c'est-à-dire vit, ses feuilles se développent ; celles de l'intérieur se déplissent, se redressent et deviennent vertes. La tige courte qui les porte s'allonge; on dit alors que le chou monte. Bientôt, si on le laisse vivre, on voit des branches pousser, des fleurs s'ouvrir, et les fruits qui sont la graine, se former et mûrir. A la différence de grosseur près, les petits bourgeons des arbres et ceux des autres plantes sont constitués et se développent de la même manière.

Un bourgeon, c'est donc un rameau en miniature, avec ses feuilles et ses fleurs à demi formées, et n'attendant, pour se développer, que l'épanouissement du bourgeon lui-même.

Mais où naissent les bourgeons? Approchez-vous d'un arbre, et examinez une branche : au pied de chaque feuille d'arbre; entre cette feuille et la branche, vous pouvez voir une sorte de petit bouton formé, et comme protégé dans cet abri.

A l'automne les feuilles tombent; et les bourgeons devenus assez forts pour vivre seuls, restent seuls sur les branches, où ils semblent endormis pendant tout l'hiver. Mais quand le printemps reparaît, les bourgeons s'éveillent, grossissent, s'ouvrent, donnent à leur tour naissance à des feuilles, et les arbres se couvrent d'une nouvelle verdure. Les plantes herbacées forment et développent leurs bourgeons de la même manière; mais comme elles vivent moins de temps, elles les forment beaucoup plus rapidement que les arbres.

Il y a sur chaque tige ou branche deux sortes de bourgeons : celui qui la *termine*, et qui, en se développant l'année suivante, la fera croître en longueur : on appelle celui-là, le bourgeon *terminal*. D'autres bourgeons naissent au pied des feuilles, le long de la branche ou de la tige, et produisent des rameaux : on les appelle *bourgeons latéraux*, c'est-à-dire situés *sur le côté*.

QUESTIONNAIRE.

Qu'y a-t-il dans un bourgeon? — Comment sont abritées les petites feuilles molles renfermées dans le bourgeon? — Pourquoi ces petites feuilles ne sont-elles pas vertes? — Citez un bourgeon très gros dont on puisse observer facilement la disposition. — Où naissent le plus souvent les bourgeons? — Comment apparaissent-ils? — Y a-t-il des bourgeons qui dorment tout un hiver et ne se développent qu'au printemps suivant? — Y a-t-il des bourgeons qui se développent très-rapidement? — Combien distingue-t-on de sortes de bourgeons ? — De quelle sorte est le bourgeon principal du chou? — Quel effet se produit par le développement du bourgeon terminal d'un rameau? — Que produit un bourgeon latéral en se développant?

La bouture et la greffe.

Quand un bourgeon latéral se développe, il donne naissance à un nouveau rameau. La petite tige de ce rameau s'allonge en forme de branche, ses feuilles se déplissent, se déroulent; elles s'étalent, et deviennent vertes; puis les boutons à fleurs apparaissent. Le nouveau rameau est donc pour ainsi dire un petit arbre, de la même espèce que celui dont il est sorti. La seule différence, c'est que l'arbre est planté dans la terre d'où il tire sa nourriture, tandis que le rameau est planté sur l'arbre qui le nourrit de sa séve.

Puisque le rameau est pour ainsi dire un petit enfant allaité par sa nourrice, ne pourrait-on le détacher du tronc nourricier, et le planter lui-même en terre? Sans doute, cela est très possible, mais à certaines conditions. Détachez avec précaution un rameau de peuplier, de saule, ou de quelque autre arbre très vivace, et plantez ce rameau dans de la terre humide. Bientôt il lui poussera des racines, et ces racines pénétrant dans la terre, il commencera à en aspirer les sucs. Privé de son père nourricier, il apprend à vivre par lui-même, et le voilà devenu un jeune arbre pour tout de bon.

Le rameau planté de cette façon s'appelle une *bouture*. Beaucoup d'arbres peuvent être multipliés ainsi, sans autre précaution que celle de choisir le terrain, et la saison convenable de l'année.

Cela est merveilleux, n'est-ce pas? Eh bien, il y a une autre manière de multiplier les plantes qui est plus étonnante encore.

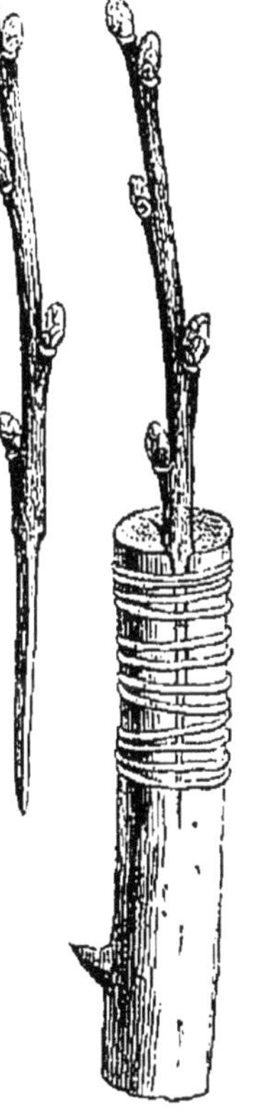
Greffe en fente.

Coupons un jeune rameau de poirier; c'est comme si nous disions un petit poirier nourri par son père. Après l'avoir taillé et aminci du côté où nous l'avons coupé, nous l'introduisons dans la branche d'un autre arbre que nous avons d'abord coupée, puis fendue, et nous lions la branche autour du rameau en serrant convenablement. Si l'opération a été bien faite, le rameau planté dans la branche continuera de vivre et de grandir. Privé de la séve du poirier sur lequel il est né, il va absorber la séve de l'arbre dans lequel on l'a introduit, et il finira par se souder si bien avec sa branche nourricière, qu'un jour venu on pourra croire qu'il y a pris naissance.

Cette manière de multiplier les plantes s'appelle la *greffe*. Ce qu'il y a de plus curieux, c'est qu'on peut greffer un rameau sur certains arbres d'une autre espèce que la sienne; par exemple, un rameau de poirier sur un pied d'aubépine. Le rameau ainsi transplanté, nourri de la séve d'un arbre qui ne lui ressemble pas, vivra, grandira, mais ne deviendra pas semblable à cet arbre. S'il est né poirier, il poussera poirier, produira des feuilles de poirier; et pendant que ses *sœurs de séve*, les branches naturelles de l'aubépine, se couvriront de jolies petites fleurs blanches et roses, le rameau de poirier, branche adoptive greffée, fleurira comme les poiriers et produira des poires.

N'est-ce pas comme un tout petit enfant élevé en nourrice *chez des amis de ses parents*, au milieu de leurs propres enfants, mais qui, malgré la communauté de leur vie, conserve sur son visage les traits de son père et de sa mère?

D'autres fois, au lieu d'enlever un rameau

tout formé, on enlève un simple bourgeon avec l'écorce qui l'entoure, et on insère ce bourgeon dans une fente faite à l'écorce d'un autre arbre. Puis on rabat l'écorce de l'arbre sur celle du bourgeon; on lie le tout, non avec du fil qui pourrait serrer trop fort, mais avec de la laine. Bientôt le bourgeon se soude, puis se développe suivant sa nature, et non suivant la nature de l'arbre sur lequel il est inséré. Cette sorte de greffe s'appelle l'*écusson*.

On écussonne ainsi des rosiers cultivés, des

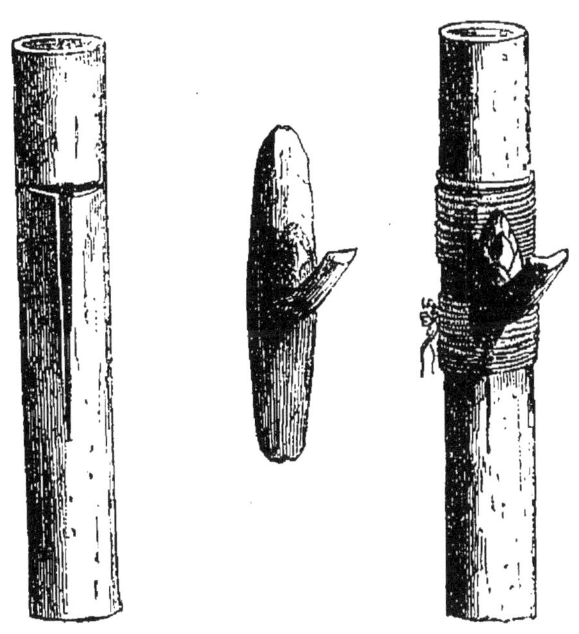

Détails de l'écussonnage.

bourgeons de roses doubles, sur des tiges de

rosiers sauvages ou *églantiers*. L'églantier, une fois écussonné, produit des roses doubles, au lieu des petites roses simples qu'il produisait dans les haies. Mais lui-même reste ce qu'il était, et s'il lui arrive de pousser des branches autres que celles qui ont été écussonnées sur lui, ces branches produiront toujours des roses sauvages.

Observons toutefois qu'on ne peut greffer le rameau ou le bourgeon d'un arbre que sur un autre arbre dont la séve ait une composition analogue à la sienne, de manière que ce rameau ou ce bourgeon puisse s'en nourrir. Ainsi un rameau de poirier greffé sur un sapin ne vivrait pas; un bourgeon de rosier ne serait pas nourri par la séve d'un tilleul. Il faut que la plante qui fournit le rameau et celle qui donne la séve, aient entre elles certaines relations de famille. C'est pourquoi nous le comparions tout à l'heure à un enfant mis en nourrice *chez des amis de ses parents*.

QUESTIONNAIRE.

A quoi peut-on comparer un rameau nourri par la branche qui le porte? — Peut-on quelquefois détacher un rameau et lui faire prendre racine? — Que produit-il alors? — Comment se nomme cette opération?

En quoi consiste la greffe? — Décrivez sommairement l'opération de la greffe en fente. — Quelles feuilles, quelles fleurs et quels fruits portera la greffe ainsi nourrie par un arbre d'autre espèce qu'elle? — L'arbre nourricier continuera-t-il de porter sur ses autres branches, si on les lui laisse, des feuilles, des fleurs et des fruits suivant sa nature? — Au lieu d'un rameau entier, peut-on prendre un simple bourgeon pour faire l'opération de la greffe? — Comment se nomme cette sorte de greffe? — Comment s'y prend-on pour *écussonner?* — Que faut-il pour qu'une plante greffée ou écussonnée sur une autre puisse y vivre?

Croissance des plantes.

Vous grandissez, chers enfants, parce que vous avez la vie; et les plantes qui ont aussi la vie, grandissent comme vous; seulement, vous ne croissez que de deux manières : en longueur et en grosseur, tandis que les plantes s'accroîssent de trois manières : 1° la tige s'allonge; 2° de nouveaux rameaux se forment; 3° la plante grossit dans toute son étendue.

En observant une plante dont la croissance marche vite, vous pouvez facilement remarquer que chaque année sa tige et ses branches s'allongent dans toutes leurs parties.

A leur extrémité, le bourgeon terminal se développe et s'ajoute à la tige ou au rameau.

La formation des branches nouvelles est due aux bourgeons latéraux qui les produisent en s'épanouissant.

Quant aux racines, elles s'allongent uniquement par leur extrémité, et sans le secours d'aucun bourgeon terminal.

Il nous reste à voir comment la tige, les branches, les racines, une fois formées, croissent en grosseur. Cela ne sera point difficile à comprendre, car vous le savez déjà à moitié. Vous souvenez-vous que la séve incomplète puisée dans la terre par les racines, monte par les vaisseaux de la plante, pour aller dans les feuilles se changer en séve nourrissante? Oui, vous vous en souvenez fort bien. Alors la séve étant formée, et devant aller nourrir l'arbre, de la tête au pied, redescend des feuilles *en passant entre le bois et l'écorce.*

Vous devinez alors que c'est la quantité de matières nutritives apportées par la séve qui, s'ajoutant ainsi à la circonférence du bois, fait grossir d'année en année le tronc et les branches. L'écorce elle-même s'accroît en épaisseur du côté du bois, et elle s'élargit en circonférence à mesure que le tronc grossit, de sorte que le bois en est toujours enveloppé. Les plus anciennes couches de l'écorce, qui sont les plus extérieures, se déchirent; mais comme d'autres se trouvent formées en dessous, le bois n'est jamais à nu.

C'est donc par la formation de nouvelles couches de bois sous l'écorce que les arbres grossissent. Ce bois s'appelle *aubier* tant qu'il est nouveau. L'aubier est facile à reconnaître à sa couleur un peu pâle. D'abord tendre, il durcit en vieillissant, et devient du bois solide.

Les plantes dont la tige est molle grossissent de la même manière, seulement la substance produite sous l'écorce pour augmenter la grosseur de la tige ne s'endurcit pas assez pour devenir du *bois*.

QUESTIONNAIRE.

Citez les trois modes d'accroissement d'une plante. — La plante s'accroît-elle de ces trois manières à la fois? — Comment grossissent les tiges et les branches? — Où se forme la nouvelle séve qui s'ajoute au tronc ou à la branche pour le faire croître en épaisseur? — Comment nomme-t-on le bois nouveau et tendre formé par la séve descendante? — Pourquoi l'écorce des arbres se fendille-t-elle à l'extérieur? — Les plantes à tiges molles s'accroissent-elles de la même manière que les plantes dont la tige plus dure est appelée du *bois?*

La fructification.

Nous venons de voir comment les plantes se nourrissent et se développent. Nous avons examiné leurs organes d'absorption : les racines; leurs organes de circulation : les vaisseaux du bois et de l'écorce; leurs organes de respiration : les feuilles; enfin leur mode d'accroissement en longueur, en grosseur, et en augmentation du nombre des rameaux. Nous allons observer maintenant comment les plantes fleurissent et fructifient, c'est-à-dire portent fruit.

La fonction de la fleur est de former la graine. C'est elle qui est chargée d'achever l'œuvre importante pour laquelle la plante a vécu; car toute la vie d'une plante n'a que ce but unique. Elle serait inutile à son espèce si elle ne formait pas de graines; si elle ne transmettait pas à d'autres plantes la vie végétale qui lui a été confiée par le Créateur. Si les plantes ne se reproduisaient pas *de graine*, l'homme aurait beau faire des boutures et greffer les arbres, il ne pourrait reproduire ni entretenir toutes les plantes, dont plus de soixante mille espèces sont connues[1]. Alors il n'y aurait bientôt plus

1. Delafosse, *Histoire naturelle*, 11e édition.

d'herbe dans les prés! plus de fleurs dans les jardins, plus de fruits, de raisin, de blé pour les hommes; plus de fourrage pour les bêtes. Non-seulement la terre perdrait sa plus grande beauté, mais les hommes, les animaux, périraient faute d'aliments; et les champs et les villes ne seraient plus qu'un immense cimetière.... C'est que la nature, chers amis, fait avec une seule petite graine, des choses qui dépassent de beaucoup la puissance de l'homme.

La fleur est donc la mère du fruit, et elle a été pourvue de tout ce qui lui est nécessaire pour former, nourrir, protéger et pour ainsi dire élever son enfant.

QUESTIONNAIRE.

Dans quel but les plantes fleurissent-elles? — La fleur n'est donc pas seulement l'ornement de la plante? — Si on coupait les fleurs pourrait-on espérer recueillir des fruits? — A quoi les graines sont-elles destinées? — Ne pourrait-on pas en greffant les plantes et faisant des boutures se passer des graines? — Y a-t-il des plantes qui ne peuvent être ni greffées ni plantées de bouture? — Citez quelques-unes de ces plantes. — Si les plantes herbacées, les légumes, blés, fourrages, ne se reproduisaient pas de graine, qu'arriverait-il?

Ensemble d'une fleur.

Allez cueillir une pensée. Cette plante est si commune que vous en trouverez partout. Vous en tenez une dans votre main, n'est-ce pas? Examinons-la ensemble. D'abord vous voyez que cette jolie fleur est portée par une petite tige verte, mince, tendre, qui s'élève du pied de la plante entre les feuilles. Cette petite tige qui porte la fleur s'appelle : le *pédoncule*.

La fleur tient au pédoncule par une espèce de petit sac vert; dont le bord forme cinq dentelures distinctement découpées. Ce petit sac est ce qu'on appelle : le *calice de la fleur;* et les dentelures du calice s'appellent : des *sépales*.

Vous voyez que les pétales, ou parties colorées formant la corolle de la fleur, et qui dans les pensées sont violets, jaunes, blancs, chinés, veloutés, sont comme implantés dans le calice. Tirez-les doucement l'un après l'autre, et détachez-les avec délicatesse, vous distinguerez très bien la petite pointe par laquelle chaque pétale est attaché au calice. Quand une fleur, une rose par exemple, se fane et perd ses pétales, c'est que le temps de la beauté est passé, que la fonction des pétales est finie, et que la plante va se consacrer uniquement à sa précieuse graine.

Maintenant que vous avez arraché les pétales, regardez ce qui reste dans votre main : vous n'avez plus que le pédoncule et le calice. Mais dans ce calice il y a quelque chose. Y voyez-vous une petite boule verte, surmontée d'un fil terminé par une toute petite houppe d'un vert jaune? Ce fil est un tube qui forme comme l'entonnoir de la petite boule. On l'appelle: le *pistil*.

Autour du pistil vous voyez des fils courts portant de petites têtes jaunes. Ces têtes sont autant de sacs remplis d'une fine poussière jaune, cette poussière qui vous jaunit le nez quand vous sentez un lis de très près. On appelle les organes qui portent les petits sacs des *étamines*, et leur poussière jaune du *pollen*.

Quant à la petite boule, on l'appelle l'*ovaire*. Si vous voulez savoir pourquoi on lui a donné ce nom, ouvrez-la sans l'écraser, en vous servant de la pointe d'une épingle, et voyez ce qu'elle renferme. — De petites graines? — Non; ce ne sont encore que des espèces de petits œufs, appelés *ovules*; et c'est parce que la petite boule contient ces *ovules* qu'on la nomme l'*ovaire*.

QUESTIONNAIRE.

Qu'est-ce que la fleur ? — Comment nomme-t-on le petit pied qui fixe la fleur à la tige? — Citez des fleurs pourvues d'un pédoncule. — Comment nomme-t-on la première enveloppe ordinairement verte? — Que renferme le calice?— Comment nomme-t-on les dentelures du calice? — Comment nomme-t-on les parties de la corolle? — Comment nomme-t-on la petite boite qui renferme les ovules? — le petit tube qui surmonte l'ovaire? — les petits organes qui contiennent le pollen? — Quand la fleur se fane-t-elle?

Histoire de la graine.

Les ovules que renferme l'ovaire sont des ébauches de graines. Pour achever les graines, il faut le pollen contenu dans les petits sacs des étamines. C'est seulement lorsque le pollen se détachant des étamines, est venu saupoudrer l'extrémité du pistil, que, par un effet dont vous ne pourriez vous rendre compte maintenant, les ovules se développent peu à peu et se transforment en graines. A ce moment les autres parties de la fleur : la corolle, les étamines, le pistil se flétrissent, se dessèchent, puis tombent, comme étant désormais devenues inutiles. L'ovaire et son contenu survivent seuls à tout le reste. Les graines grossissent, deviennent fermes, puis dures; enfin elles font éclater l'ovaire qui les contenait, comme un petit poulet brise sa coquille et éclot à son heure. Alors les graines tombent sur le sol où elles se sèment d'elles-mêmes. Quand il est dans l'espèce de la plante de croître pressée contre celles de son espèce, en famille pour ainsi dire, comme les violettes, le réséda, l'ovaire épanche doucement les graines sur un petit espace. Quand, au contraire, il est dans leur espèce de croître éloignées les unes des autres, l'ovaire lance ses graines de côté et d'autre. Vous connaissez la balsamine, cette fleur à tige pleine de liquides qui fleurit en automne? Lorsque ses graines sont mûres, l'ovaire se divise brusquement en plusieurs parties, chaque partie se roule sur elle-même comme un ressort, et disperse ses graines autour d'elle. Faites-en l'expérience. Cueillez un ovaire de balsamine à peu près mûr, serrez-le un peu dans votre main; il se divisera, se contractera, et il vous semblera que vous avez pressé un petit être vivant.

Ainsi se rencontre à chaque pas dans la nature une providence qui n'oublie rien, et ne se trompe jamais.

QUESTIONNAIRE.

Que faut-il pour que les ovules qui se forment dans l'ovaire deviennent des graines? — Quand la graine est mûre qu'arrive-t-il? — Comment s'ouvrent les ovaires de la balsamine? — Quelle est la raison pour laquelle les ovaires des différentes espèces de plantes s'ouvrent de diverses manières?

Disposition des fleurs sur les plantes.

Dans certaines espèces de plantes, les fleurs sont *séparées* les unes des autres, et fixées directement sur la tige. Telles sont la lavande, l'ortie blanche, etc.

Mais le plus souvent elles sont portées sur un pédoncule, comme la pensée.

Il est d'autres fleurs qui se groupent en bouquets, comme les fleurs du lilas, du chou, de la julienne, de la giroflée, du groseillier, de la vigne, de l'acacia. Chacune des fleurs qui composent ce bouquet a bien son pédoncule, mais il est tout petit et porte un autre nom, tandis que le véritable pédoncule, celui qui porte le groupe de fleurs, est beaucoup plus grand. Il en résulte que l'ensemble forme une *grappe* tantôt retombante quand les grains sont mûrs, comme dans la vigne, le groseillier; tantôt droite,

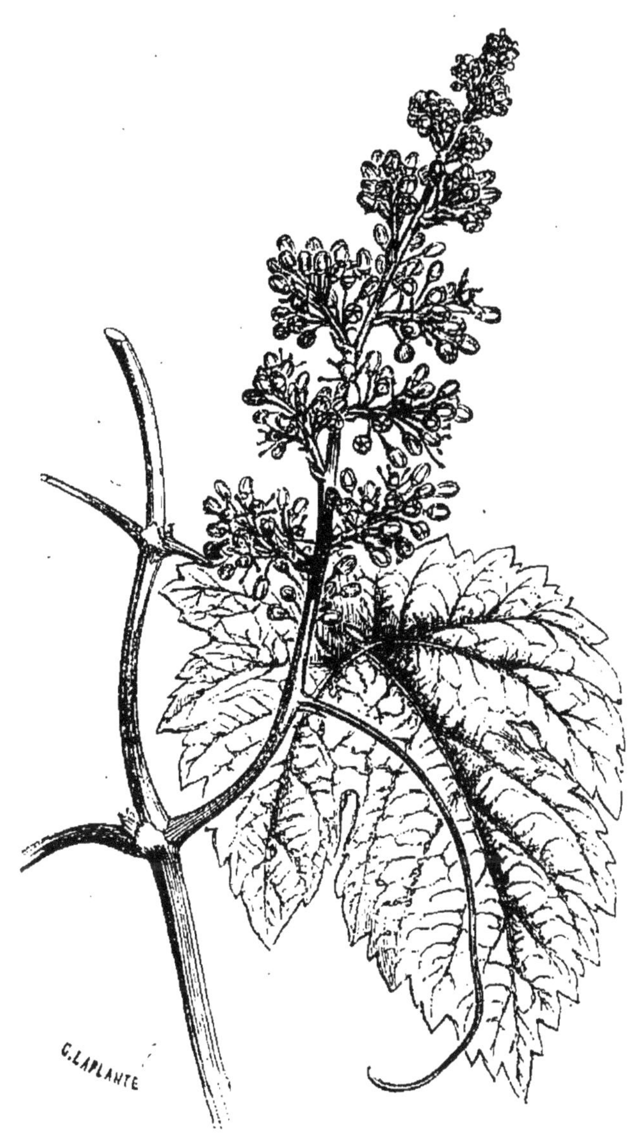

Fleur en grappe de la vigne.

comme dans la giroflée, le lilas. De quelque

manière qu'elles se tiennent, on appelle les fleurs ainsi disposées : *fleurs en grappe*.

Il est d'autres espèces où les fleurs s'appliquent l'une sur l'autre, et se pressent en entourant la tige de manière à former un *épi ;* telles sont les fleurs du blé, de la verveine. On les appelle naturellement : *fleurs en épi*.

Fleur en épi de la verveine.

Il est d'autres plantes dont les fleurs, généralement très-petites, disposées en groupes et toutes élevées au même niveau par leurs pédoncules, représentent assez bien une petite ombrelle, qui aurait pour *fourchettes* les pédoncules délicats de chacune des petites fleurs. Telles sont les fleurs de la carotte, du fenouil qui croît au bord des chemins; de l'angélique dont on fait des bonbons; du cerfeuil si agréable en salade; du persil bon à manger, et de la ciguë qui ressemble au persil, quoiqu'elle soit un poison. On appelle ces fleurs-là : *fleurs en ombelles*.

Ainsi vous connaissez maintenant les *fleurs séparées*, les *fleurs en grappe*, les *fleurs en épi*, et les *fleurs en ombelles*.

Il y a des fleurs encore autrement disposées sur leur tige; nous vous les ferons connaître au fur et à mesure.

QUESTIONNAIRE.

Comment les fleurs sont-elles disposées sur la tige ou le rameau qui les porte? — Citez des exemples de fleurs fixées directement sur leur tige. — Citez des plantes dont les fleurs sont séparées. — Citez des plantes dont les fleurs sont réunies par groupes. — Qu'est-ce qu'une *grappe?* — Une grappe est-elle toujours retombante? — Qu'est-ce qu'un *épi?* — une *ombelle?* — Citez des plantes dont les fleurs sont disposées en grappe. — en épi. — en ombelle.

Variété de structure des fleurs.

La plupart des fleurs sont portées sur un pédoncule, et possèdent tous les organes que nous venons de reconnaître dans la *pensée*, savoir :

1° un calice pour contenir l'ovaire et protéger la fleur en bouton;

2° un ovaire contenant des ovules;

3° un pistil, et des étamines avec du pollen pour changer les ovules en graines;

4° une corolle pour protéger les organes délicats pendant qu'ils sont encore tendres.

En effet, c'est seulement lorsque les organes intérieurs sont devenus assez forts pour supporter l'éclat et la chaleur du jour, que la fleur s'épanouit. Le calice ouvre pour ainsi dire ses bras protecteurs, ses lames vertes appelées *sépales*, qui recouvraient la fleur en bouton. La corolle en même temps développe ses pétales teintés de diverses couleurs; elle les étend, les redresse, les renverse en dehors; et met enfin à découvert les organes qu'elle abritait.

La corolle remplit encore d'autres fonctions, et concourt par l'effet de ses diverses couleurs au perfectionnement de la graine. Mais réservons pour un peu plus tard cette autre merveille.

Les fleurs munies de tous les organes que nous venons de nommer sont appelées : *fleurs complètes*.

Mais il est d'autres espèces dans lesquelles plusieurs de ces organes au lieu d'être réunis sur la même fleur, se trouvent séparés; les uns sur une fleur, les autres sur une autre; quelquefois même sur un autre arbre ou un autre pied de la même espèce. Les fleurs ainsi divisées sont appelées *fleurs incomplètes*. Telles sont les fleurs du chêne, du noisetier, du châtaignier, du hêtre avec ses petits fruits huileux, du bou-

Chaton à étamine et chaton à pistil du saule.

leau avec son écorce blanche, du peuplier, du saule qui se plaisent au bord des eaux. Les différents groupes de fleurs de ces arbres ressemblent un peu à des chenilles. On les appelle des *chatons*

QUESTIONNAIRE.

Comment nomme-t-on les fleurs qui possèdent un calice, une corolle, un ovaire, un pistil et des étamines? — Toutes les fleurs sont-elles complètes?—Qu'appelle-t-on fleurs incomplètes? — Citez des exemples de fleurs incomplètes. — Quelles sont les parties les plus essentielles de la fleur? — Combien de parties avons-nous à étudier dans la fleur?

Variété des formes du calice.

Quand une fleur est complète, elle possède, vous le savez déjà, quatre parties, dont deux sont des enveloppes protectrices. La plus extérieure, celle qui enveloppe la fleur en bouton, c'est le calice.

Ordinairement le calice est de couleur verte comme les feuilles, et la corolle est d'une autre couleur; il est alors facile de distinguer ces deux enveloppes l'une de l'autre. Mais parfois le calice aussi est coloré autrement qu'en vert, et dans ce cas il est plus difficile de le distinguer de la corolle.

Prenez une fleur de bourrache, (voyez à la page 177). Son calice, comme celui de la rose, est terminé par plusieurs petites lames vertes semblables à des feuilles pointues, séparées les unes des autres, de manière qu'on peut les détacher séparément. Chacune de ces parties du calice est, vous le savez, un *sépale;* les calices ainsi formés de plusieurs sépales distincts sont appelés : *calices à sépales séparés.* Ainsi on dit : la rose a un calice à sépales séparés, et formé de cinq sépales. D'autres plantes ont leur calice formé de trois sépales seulement ; d'autres de quatre, comme la giroflée ; d'autres en ont six, huit, ou même davantage.

Calice de primevère à sépales soudés.

Maintenant cueillons une fleur de primevère. Du premier coup d'œil nous remarquons que son calice semble fait d'une seule pièce. Il est pourtant formé de sépales distincts, mais ces sépales sont soudés les uns aux autres de manière à ne plus faire qu'un seul étui. L'ensemble produit un joli petit gobelet vert tendre, dentelé au bord. Beaucoup d'autres fleurs, telles que les œillets, les pois cultivés, ont leur calice en forme de coupe plus ou moins profonde, ordinairement dentelé sur les bords, et formé comme celui de la primevère de plusieurs sépales si bien soudés ensemble, que parfois on ne peut plus les distinguer. C'est ce qu'on appelle : des *calices à sépales soudés.*

Lorsque la fleur était en bouton, ses organes intérieurs étaient encore tendres, sa corolle repliée était molle comme les feuilles abritées dans le bourgeon. Alors la fleur avait besoin d'être protégée, aussi les sépales du calice, repliés sur le frêle bouton, l'enveloppaient et le protégeaient de toutes parts; c'est pourquoi on appelle le calice : la première enveloppe protectrice de la fleur.

QUESTIONNAIRE.

Quand une fleur est complète, laquelle des deux enveloppes est le calice? — Quelle est la couleur ordinaire du calice? — Le calice est-il parfois coloré comme une corolle? — Le calice est-il parfois formé de petites feuilles séparées? — Comment se nomme chacune de ces petites feuilles qui composent le calice? — Comment nomme-t-on le calice dont on peut facilement détacher les sépales? — Citez des fleurs ayant un calice à sépales séparés. — Y a-t-il des calices dont les sépales sont soudés entre eux par les bords? — Comment nomme-t-on ces calices qui semblent d'une seule pièce? — Citez des fleurs ayant un calice à *sépales soudés*. — Quelle est l'utilité du calice?

Variété des formes de la corolle.

La seconde enveloppe protectrice de la fleur, c'est la *corolle*. Vous savez déjà que chacun des feuillets minces et colorés qui forment la corolle est un *pétale*.

Très souvent, ainsi que nous l'avons déjà observé sur la rose et la bourrache, les pétales qui forment la corolle sont tout à fait séparés les

Fleur de bourrache.

Fleur de giroflée.

uns des autres. Vous pouvez très facilement enlever un seul pétale de la petite renoncule jaune des champs qu'on appelle *bouton d'or*, d'un coquelicot, d'une giroflée, d'un œillet, sans détacher les autres pétales. On voit même les pétales délicats des fleurs du pêcher, du cerisier, du pommier, du poirier, ainsi que les pétales des roses, des fleurs de fraisier, se détacher d'eux-mêmes, et tomber l'un après l'autre quand la graine est formée. Toutes ces fleurs ont donc une corolle *à pétales séparés*. Les sépales de leur calice sont séparés aussi ; sous ce rapport la corolle ressemble ordinairement au calice.

Examinons maintenant une des fleurs qui composent la grappe du lilas. Au premier coup d'œil vous croyez voir quatre pétales; mais en examinant de près vous remarquez que la partie inférieure de ces pétales forme un petit étui, et que vous ne pouvez en détacher un sans détacher toute la corolle d'une seule pièce. Observons en même temps que le calice a la même disposition.

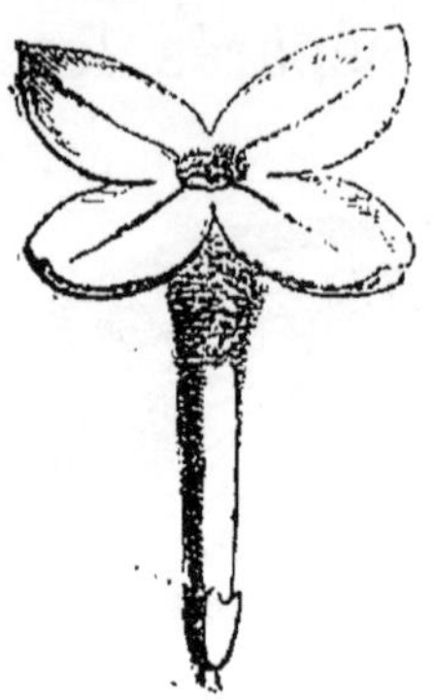

Fleur de lilas.

La fleur de la primevère est formée, elle, de cinq pétales soudés dans leur partie inférieure, distincts au bord seulement, et présentant la même disposition que le calice.

Fleur de primevère.

Dans beaucoup de plantes, les pétales de la fleur sont si complétement soudés ensemble qu'on ne les distingue plus du tout. Ainsi la fleur de la belladone, plante très-dangereuse, a la forme d'une petite clochette dentelée au bord. Voyez également la fleur du liseron qui a la forme d'un entonnoir;

celle de la bruyère commune, qui ressemble à un petit grelot. On dirait que la corolle de ces fleurs est d'une seule pièce. Pourtant, elles sont comme celles de la primevère et du lilas, réellement formées de plusieurs pétales distincts, mais tellement soudés qu'ils semblent un seul pétale faisant le tour de la fleur. C'est ce qu'on appelle : corolles *à pétales soudés.*

Il y a des fleurs qui, au lieu d'avoir deux enveloppes protectrices, n'en ont qu'une, et le plus ordinairement c'est la corolle qui manque. Telles sont les fleurs du chêne, qui sont verdâtres, comme le plus grand nombre des calices, et celles du *sarrasin,* plante alimentaire appelée vulgairement *blé noir*[1]. Les fleurs délicates du sarrasin sont blanches, légèrement teintées de rose.

D'autres fois au contraire, l'unique enveloppe de la fleur a tout à fait l'aspect d'une corolle. Voyez, par exemple, les tulipes, les jacinthes, les colchiques dont la venue annonce l'automne, le muguet dont la fleur a aussi la forme

1. Le sarrasin ne ressemble nullement au blé, mais on l'appelle ainsi parce que son petit grain noirâtre sert à faire des galettes qui remplacent le pain dans les pays pauvres.

d'un petit grelot. Et encore les lis, les perce-neige, ainsi nommées parce qu'elles fleurissent en hiver, quelquefois même au milieu de la neige.

Enfin il y a des fleurs qui n'ont ni calice ni corolle, et qui sont formées seulement des organes de fructification, sans aucune enveloppe protectrice; telles sont les fleurs du frêne, grand et bel arbre de nos bois. Ces fleurs sans enveloppes sont appelées : *fleurs nues*, c'est-à-dire : non abritées.

QUESTIONNAIRE.

Quelle est la seconde enveloppe protectrice de la fleur complète? — Qu'est-ce qu'un pétale? — Les pétales qui forment une corolle sont-ils parfois séparés? — Comment nomme-t-on les corolles ainsi formées? — Citez-en des exemples. — Y a-t-il des corolles formées de pétales soudés ensemble vers leur partie inférieure, et qui se tiennent ainsi d'une pièce? — Quelle apparence ont ces corolles? — Les pétales sont-ils parfois soudés jusqu'aux bords? — Quelle est l'apparence de ces corolles? — Quel nom donne-t-on aux corolles qui semblent ainsi d'une seule pièce? — Y a-t-il beaucoup de fleurs qui n'ont qu'une seule enveloppe protectrice? — Laquelle manque le plus souvent? — Citez des exemples de fleurs sans corolle. — Quand le calice existe seul, est-il parfois vert comme les feuilles? — Quand les fleurs n'ont qu'une seule enveloppe, ont-elles souvent l'aspect d'une corolle? — Citez-en des exemples. — Y a-t-il des fleurs dépourvues à la fois de calice et de corolle? — De quoi se composent ces fleurs? — Comment les nomme-t-on?

Le fruit et la graine.

Le fruit, vous le savez, c'est la graine ou les graines, enveloppées dans une substance quelquefois bonne à manger, comme les poires, les pommes, les prunes, dont les graines sont les pepins et les noyaux. Quelquefois au contraire on ouvre l'enveloppe, et l'on mange la graine elle-même, comme les noix, les noisettes, dont on rejette les coquilles. D'autres fruits comme les pois, les haricots, sont enfermés dans une gousse que l'on mange ainsi que ses graines, lorsqu'elle est encore verte.

Mais qu'est-donc que la graine? et comment peut-elle donner naissance à une plante?

Vous savez, mes enfants, qu'un bourgeon est un rameau en miniature, et que, greffé sur un autre arbre, il peut produire une plante semblable à celle qui lui a donné naissance pourvu qu'une séve convenable lui soit fournie. Eh bien, la graine est une sorte de bourgeon, destiné à se séparer de sa plante mère pour aller vivre en terre par lui-même. Pour lui tenir lieu de séve au moment où il germera, la plante sa mère lui a formé, sous une petite enveloppe, une provision de nourriture qui lui suffira pour se développer, jusqu'au moment où il sera devenu assez grand pour aspirer lui-même sa nourriture dans la terre.

Ainsi, un petit bourgeon au milieu d'une provision de nourriture, le tout enfermé soigneusement dans une enveloppe délicate et solide, voilà la graine!

Ouvrez avec précaution un haricot, ou l'amande d'un noyau quelconque. Après avoir délicatement enlevé la peau qui la recouvre, vous remarquez que cette graine se sépare en deux moitiés, entre lesquelles vous apercevez le petit bourgeon avec deux feuilles à peine formées, mais pourtant reconnaissables. Ce petit bourgeon, encore mou et blanc puisqu'il n'a pas reçu l'action de la lumière, est porté sur une tige très courte, dont la pointe, en s'allongeant quand la graine germe, forme la racine.

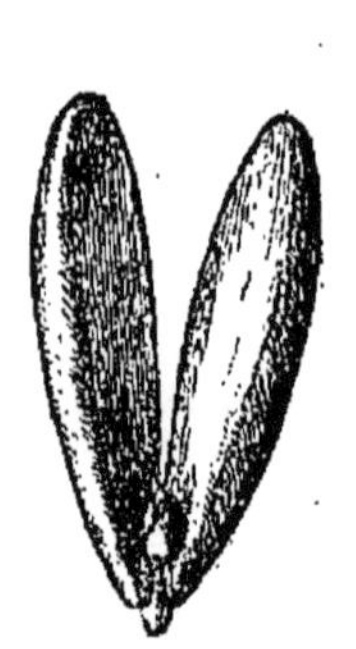

Graine d'une amande.

On dit qu'une graine *germe* lorsque, mise en terre, son bourgeon se développe, et commence à pousser. Les deux moitiés de la graine entre

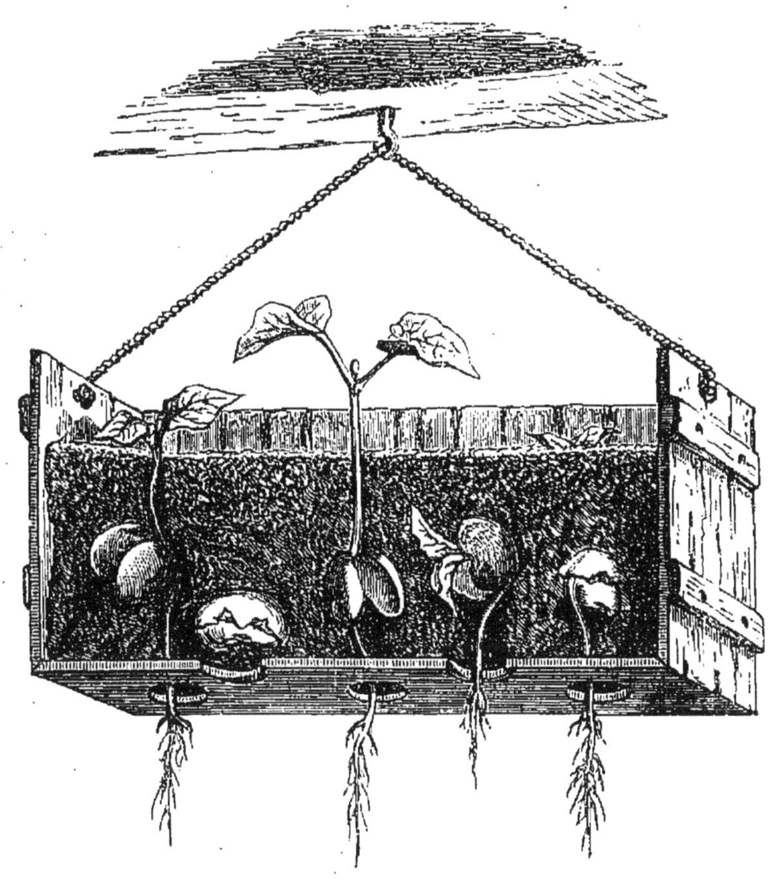

Graines en germination.

lesquelles est renfermé le bourgeon (appelé aussi : *le germe*), contiennent la provision de nourriture dont le bourgeon a besoin lorsqu'il se développe.

Les graines de presque toutes les plantes sont composées de la même manière. Le bourgeon ou germe, ainsi que ses réservoirs de substance nourrissante, diffèrent de formes suivant les espèces; mais la sagesse de l'arrangement est toujours la même.

Maintenant que vous avez une idée de ce qu'il y a dans une graine, nous allons observer les différentes formes du fruit, c'est-à-dire des ovaires qui renferment les graines.

QUESTIONNAIRE.

Qu'est-ce qu'un fruit? — Qu'y a-t-il dans une graine? Comment nomme-t-on le bourgeon avec sa petite tige à demi formée, qui existe dans la graine? — Quand la graine germe, que devient le bourgeon? — Que forme l'extrémité de la petite tige qui tient au germe? — A quoi sert la substance qui est renfermée dans la graine avec le germe? — Le germe et la provision de substance nourrissante ont-ils la même forme dans toutes les espèces de plantes?

Les formes du fruit.

Puisque le fruit n'est autre chose que l'ovaire grossi et développé, vous trouverez naturel que ce fruit, parvenu à maturité, et détaché de l'arbre, garde à peu près la même forme qu'il avait dans la fleur. Néanmoins il se fait un changement dans l'ovaire de certaines espèces de plantes, à mesure qu'il grossit. Dans les espèces d'arbres à fruits par exemple, l'ovaire s'épaissit, se colore, devient tendre, et sucré. C'est ce qu'on appelle un *fruit charnu.* Les cerises, les prunes, les poires, les pommes que vous croquez si bien, sont des fruits charnus.

Les fruits charnus sont de deux sortes. Dans les uns, les graines sont simplement à nu au milieu de la chair du fruit; comme vous pouvez l'observer dans le fruit transparent de la groseille et du raisin. Ces sortes de fruits sont appelés des *baies.* La belladone dont nous avons mentionné la fleur, porte un fruit qui est une jolie petite baie rouge, arrondie, molle et luisante; mais il faut bien se garder d'y toucher, car ces baies sont un poison mortel. En général, chers enfants, gardez-vous de goûter à aucun des fruits que vous ne connaissez pas, car plusieurs, dont la mine est appétissante, pourraient vous faire mourir dans des souffrances cruelles.

D'autres fruits charnus, tels que les poires, les pommes ont plusieurs graines appelées *pepins,* renfermées dans une petite coque ferme et brune. D'autres, comme les abricots n'ont qu'une seule graine appelée *amande* et renfermée dans un noyau. Ces sortes de fruits sont appelés des *drupes*. Ainsi la cerise, la prune sont des *drupes*. Le fruit de l'amandier est aussi

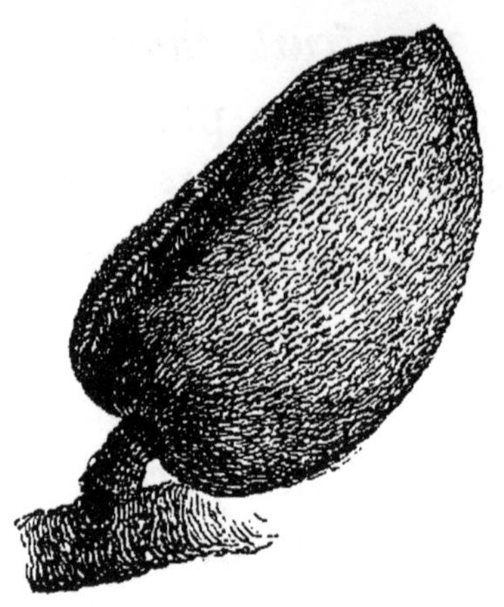

Amande enveloppée.

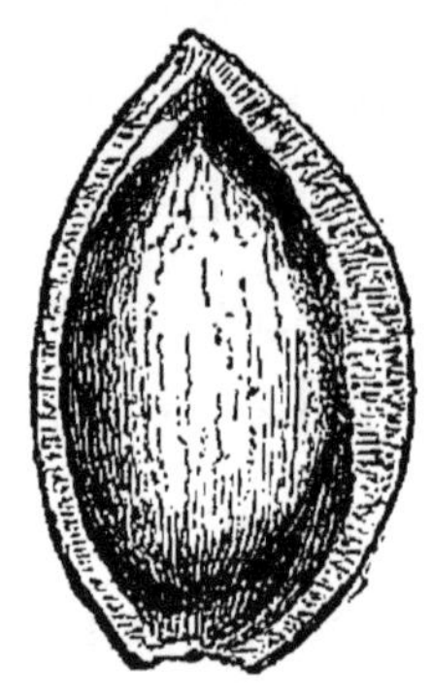

Amande ouverte

une drupe, mais on ne vous en donne que le noyau seul. La chair du fruit forme une première enveloppe verte qui se dessèche et n'est pas bonne à manger. De sorte que vous mangez non la chair du fruit de l'amandier, mais la graine elle-même.

Dans certaines espèces de plantes l'ovaire grandit, mais reste mince, ferme, et se dessèche en mûrissant. Les fruits de cette sorte sont appelés *fruits secs*.

Les fruits secs sont aussi de deux sortes. Les uns ne contiennent qu'une seule graine, et ne s'ouvrent pas d'eux-mêmes ; par exemple les *glands*, qui sont les fruits du chêne ; les noisettes, qui sont les fruits du noisetier ou coudrier. Vous savez fort bien que pour croquer des noisettes il faut se donner la peine de casser l'enveloppe dure qui contient *le bon*, ou la graine.

D'autres fruits secs contiennent plusieurs graines ; les uns forment des espèces de petites boîtes ou étuis appelés *gousses*, qui, lorsqu'ils sont mûrs, s'ouvrent d'eux-mêmes pour laisser échapper les graines. Ainsi sont les pois, les haricots, les lentilles, les fèves, plantes alimentaires de l'homme ; le trèfle, le sainfoin, la luzerne, plantes fourragères, ou alimentaires des animaux.

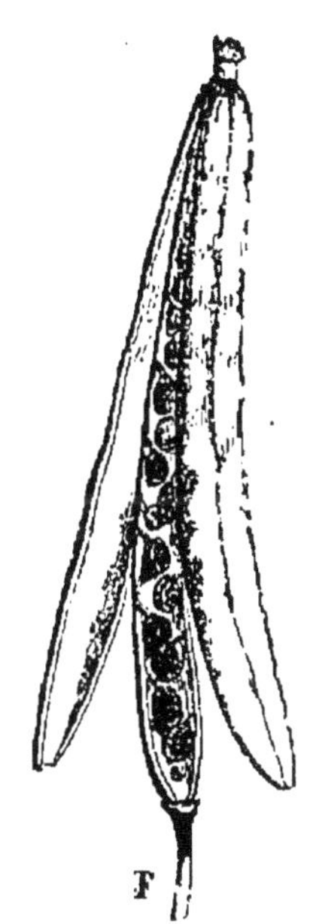

Silique de giroflée.

Les plantes de la famille du chou ont un fruit qui ressemble à deux gousses adaptées l'une contre l'autre, et s'ouvrant des deux côtés à la fois. Cette sorte de fruit en étui double s'appelle une *silique*. Les giroflées, les navets, les raves, la moutarde, le colza, toutes ces plantes dont la fleur ressemble extrêmement à celle du chou, ont le fruit en silique.

D'autres fruits secs de diverses espèces, s'ouvrent de différentes manières pour laisser échapper leurs graines. Dans certaines plantes, comme la *jusquiame*, le *mouron rouge* si commun dans

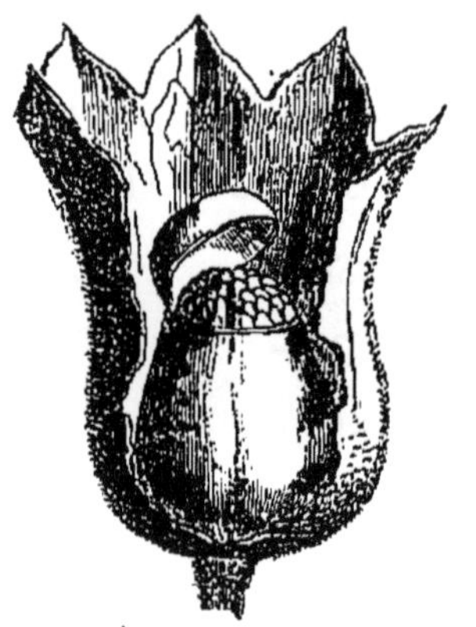

Fruit de la jusquiame.

Fruit du mouron.

nos champs, c'est une véritable petite boîte dont le couvercle se soulève. Dans le fruit du liseron, c'est la boîte entière qui se fend, se divise en trois morceaux, et laisse les graines s'échapper par les fentes.

Observez aussi les fruits de ces beaux arbres qu'on appelle *arbres verts*, parce que leurs feuilles en aiguilles, au lieu de mourir à l'automne, continuent de vivre malgré le froid de l'hiver, de sorte que l'arbre reste couvert de verdure pendant toute l'année. Prenons pour exemple le fruit du *pin-mélèze*. Vous remarquez que ce fruit est formé d'écailles minces, brunes et

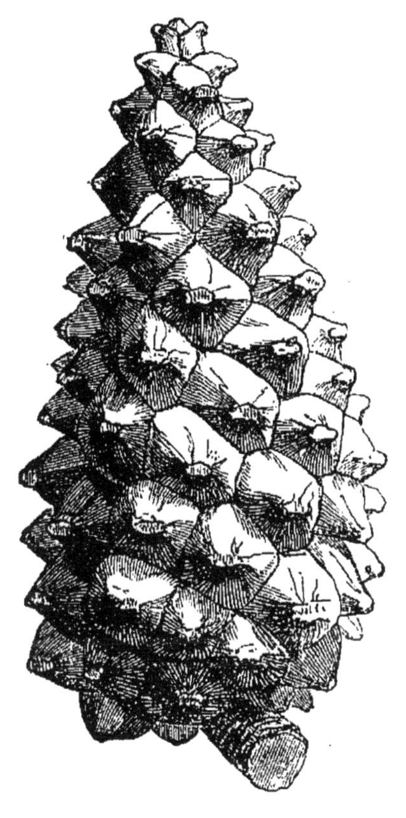

Fruit du pin ou *pomme de pin.*

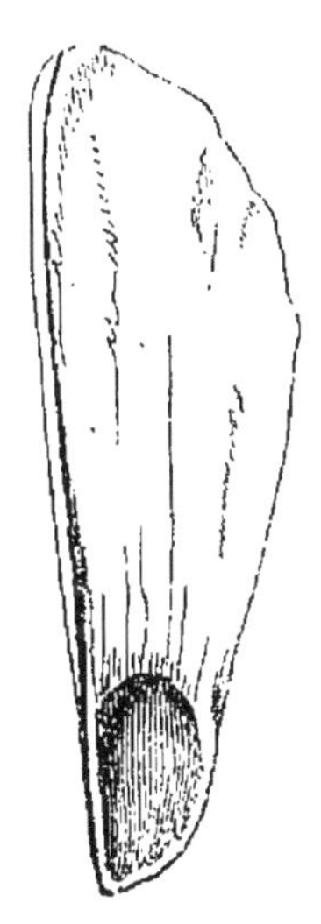

Sa graine surmontée d'une aile de gaze.

raides, se recouvrant les unes les autres comme les tuiles d'un toit. En soulevant les écailles, vous trouvez sous chacune d'elles une ou deux petites graines brunes, entourées en partie d'une sorte de gaze de la même couleur. Le fruit du pin, que l'on appelle vulgairement *pomme de pin*, quoique ce fruit ne ressemble pas du tout à une pomme, est composé de la même manière, seulement les écailles sont beaucoup plus dures, plus épaisses, et taillées comme des têtes de clous. On nomme *cône* ces sortes de fruits, à cause de leur forme un peu pointue; et tous les arbres de la famille des pins : les cèdres, les cyprès, les sapins, sont appelés des *conifères*, nom qui convient non-seulement au fruit, mais aussi à la forme générale de la plupart des arbres de cette famille.

Quand les fruits des conifères sont mûrs, les écailles se dessèchent, se soulèvent; les graines s'en détachent, et sont emportées par le vent à l'aide de leur petite aile de gaze brune.

QUESTIONNAIRE.

Qu'est-ce que le fruit par rapport à l'ovaire? — Le fruit formé a-t-il souvent une certaine ressemblance de forme avec l'ovaire? — Qu'est-ce qu'un *fruit charnu*? — Qu'appelle-t-on un *fruit sec*? — Qu'est-ce qu'une *baie*? — Citez des fruits qui sont des baies. — Qu'est-ce qu'une *drupe*? — Citez des fruits qui sont des drupes. — Qu'est-ce qu'un noyau? — Quelle distinction fait-on entre les fruits secs? — Citez des fruits secs qui ne s'ouvrent pas quand ils sont mûrs. — Citez des fruits qui s'ouvrent quand ils sont mûrs, pour répandre leurs graines. — Qu'est-ce qu'une gousse? — Citez des plantes dont le fruit est en gousse. — Expliquez ce que c'est qu'une *silique*. — Citez des plantes dont le fruit est une silique. — Quels sont les arbres dont le fruit se nomme *cône*? — En quoi consiste ce fruit? — Où sont les graines qu'il renferme? — Comment ces graines se répandent-elles quand le fruit est mûr?

Dissémination des graines.

Les fruits se formant dans les fleurs, il va sans dire qu'ils se trouvent disposés sur la plante à la même place et de la même manière que les fleurs elles-mêmes. Si les fleurs étaient séparées, les fruits aussi sont séparés; si les fleurs étaient groupées, les fruits aussi sont groupés. Une grappe de fleurs produit une grappe de fruits.

Mais les fruits ne doivent pas toujours rester attachés à la plante; il faut que les graines qu'ils renferment soient semées, pour germer et produire de nouvelles plantes. Quand le jardinier ne s'en mêle pas, voici comment les graines sont semées.

Vous savez que lorsqu'un fruit charnu n'est pas mûr, sa chair est dure, acide, malsaine;

c'est pourquoi on vous avertit de n'en pas manger. Mais à mesure que le fruit mûrit, sa chair devient tendre et douce, parce qu'il s'y est formé du sucre. Alors, si le fruit est d'une espèce bonne à manger, on peut le cueillir, il est devenu sain et agréable.

Mais si on ne cueille pas ce fruit, si on le laisse à la branche, il finit par devenir trop mûr ; il se détache de la branche et tombe. Le voilà sur la terre; c'est déjà quelque chose. Mais comment la graine fera-t-elle pour passer du fruit qui la renferme dans le sol où elle doit germer? Voici ce qui arrive : La chair du fruit se ramollit, se décompose, devient *blette*, ou pourrit. La graine alors glisse facilement sur la terre, où bientôt elle se trouve à nu, et ne tarde pas à germer. Parfois aussi quelque oiseau enlève le fruit pendu à la branche, l'emporte à distance, le mange, et laisse tomber la graine, qui se trouve ainsi semée loin de l'arbre qui l'a produite.

Certains fruits secs s'ouvrent d'eux-mêmes, comme les gousses de pois, et laissent échapper leurs graines, ainsi que nous l'avons dit plus haut. Ceux qui ne s'ouvrent pas tombent sous l'arbre; leur enveloppe devenue sèche, se fend, et en se fendant produit une petite secousse qui lance les graines au loin. Beaucoup de graines sont assez légères pour que le vent les disperse à travers les champs ; certaines même sont pourvues d'une sorte d'aile qui les rend plus faciles à enlever ; telles sont les graines de l'ormeau, celles du pin.

D'autres graines sont munies d'une aigrette, jolie petite houppe soyeuse plus légère qu'une plume. Voyez par exemple une tête du *pissenlit* des prairies : la réunion des petits fruits ornés chacun de leur houppe, forme une boule si délicate qu'au moindre souffle tout s'envole. Longtemps on voit flotter dans l'air les petites graines soutenues par leur aigrette étalée en parasol. Pourtant elles finissent par retomber, mais souvent très-loin de leur point de départ, et elles germent là où elles parviennent à se fixer.

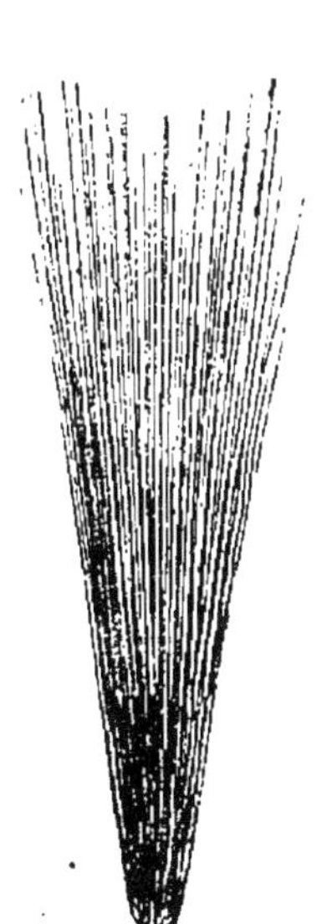

Graine ailée du peuplier.

Il en est de même pour les graines des chardons et des bleuets ; pour les graines des peupliers, qui sont entourées d'un duvet fin, soyeux et blanc comme la neige.

Les graines du cotonnier, arbuste des climats chauds, sont renfermées dans une *capsule*[1] anguleuse qui s'ouvre, et se montre bourrée d'une

Graines du cotonnier.

étonnante quantité de duvet blanc et fin qui est le *coton*. Ce coton récolté, nettoyé et filé, nous fournit le coton à coudre, et celui avec lequel on tisse le calicot, la mousseline, les indiennes, etc.

QUESTIONNAIRE.

Pourquoi les fruits sont-ils disposés sur la plante comme les fleurs? — Qu'arrive-t-il au fruit charnu quand il mûrit? — A quoi les fruits alimentaires bien mûrs doivent-ils leur douceur? — Tous les fruits charnus sont-ils propres à servir d'aliments? — Qu'arrive-t-il du fruit charnu quand il n'est pas cueilli? — Qu'arrive-t-il quand un fruit sec mûr se fend et s'ouvre? — Y a-t-il des fruits pourvus d'ailes ou

1. Fruit sec en forme de boîte.

de duvet soyeux pour être plus facilement emportés par le vent? — Citez-en des exemples.

LES PLANTES SANS FLEURS.

Fougères et mousses.

Nous avons observé jusqu'à présent, mes enfants, la vie et l'organisation des plantes supérieures qui portent des fleurs et des fruits. Ces plantes produisent toutes des fleurs, très-petites quelquefois, mais enfin elles en produisent. Il existe d'autres plantes qui ne portent ni fleurs ni fruits. Cela constitue une différence si grande, que les plantes sans fleurs forment une division tout à fait distincte du règne végétal.

Celles qui ne fleurissent pas se nourrissent comme celles qui fleurissent. Les unes ont des racines et des feuilles; d'autres en sont dépourvues, mais elles ne se reproduisent pas de la même manière que les plantes pourvues de fleurs. Nous vous expliquerons cela un peu plus tard.

Vous penserez peut-être que la fleur étant le plus bel ornement d'une plante, celles qui ne produisent pas de fleurs doivent être peu agréables à voir et à étudier. Vous seriez dans l'erreur. Il y a parmi elles des plantes très cu-

Fougère.

rieuses, et il y en a de fort jolies. Vous avez dû remarquer, par exemple, dans les terrains incultes, dans les taillis, quelquefois au bord d'une fontaine, des *fougères* élégantes dont les feuilles sont d'un vert extrêmement frais, et très délicatement découpées.

Au premier coup d'œil, les fougères ont l'aspect d'une plante comme une autre ; mais il serait inutile d'y chercher des fleurs et d'en attendre des fruits. De petits grains d'une poussière brune, à peine distincts, se forment au revers des feuilles de fougères, et tiennent lieu de fleurs et de graines. Ces petits grains de poussière reproduisent la plante, mais vous verrez qu'ils ont une manière de germer très-singulière, et tout-à-fait différente de celles des véritables graines produites par des fleurs.

Semences des fougères.

Vous connaissez aussi, vous avez vu souvent sur le sol humide des bois, une couche de verdure fine et veloutée, formée de très petites plantes vertes sans fleurs : c'est la *mousse*, ou plutôt ce sont des *mousses*, car il y en a de beaucoup d'espèces. Vous trouverez de la mousse partout où il y a un peu de fraîcheur, sur les rochers qui bordent les eaux courantes, sur les vieux murs pleins d'humidité, dans les endroits ombreux, sur le tronc des arbres.

Si vous voulez examiner la mousse de près, vous verrez que chaque touffe se compose de

Mousse polytric.

centaines de végétaux excessivement délicats, dont la tige et les branches sont garnies de très-petites feuilles vertes au printemps, un peu dorées par l'été. Des insectes cheminent entre leurs petites tiges frêles, ou y font leur nid. Une poignée de mousse est une forêt pour ces insectes! Certaines espèces de mousses ont quelques centimètres de hauteur. D'autres ont leur tige si courte qu'on peut à peine les distinguer, et la petite touffe qu'elles forment ressemble à un morceau de velours ras et admirablement tissé. Mais toutes ces charmantes plantes miniatures ne produisent point de fleurs, point de fruits; et, comme les fougères, elles se reproduisent par des moyens tout à fait exceptionnels.

QUESTIONNAIRE.

Toutes les plantes ont-elles des fleurs véritables? — Comment divise-t-on le règne végétal, tout d'abord? — Décrivez sommairement les *fougères*. — Où naissent les petites graines de cette sorte de plante? — Ces graines sont-elles semblables à celles qui se forment dans les fruits? — Germent-elles de la même manière? — Décrivez brièvement les *mousses*. — Quelle est la longueur des petites tiges des mousses? — Comment se fait-il que certaines touffes de mousses aient l'apparence du velours?

Les lichens.

Avez-vous quelquefois remarqué sur les pierres, les murs, ou sur le tronc des arbres, de larges taches qui semblent être là depuis très longtemps? Il y en a de grises, de brunes, de verdâtres, de jaune doré. En observant ces

Lichen d'Islande.

taches avec attention, vous reconnaîtrez qu'elles sont formées par des plaques d'une peau mince, déchiquetée, recoquillée, étendue sur la pierre ou sur le tronc de l'arbre.

Ces plaques sont des végétaux étranges, très communs, et nommés *lichens*. Les rochers des collines en sont presque toujours couverts. De loin on les prendrait pour des touffes de mousse si elles en avaient la couleur. Vous voyez figurée ici une des plus grandes espèces de lichens, une des plus rudes et des plus épaisses, qui croissent sur les rochers les plus arides. Il est inutile d'ajouter que les lichens, qui n'ont pas besoin de terre pour végéter et s'accrochent à la pierre nue, ne produisent jamais de fleurs.

QUESTIONNAIRE.

Quelle apparence ont les *lichens*? — Quelles sont leurs couleurs les plus ordinaires? — Où croissent les lichens?

Les champignons.

Mais les plus étonnants de tous les végétaux, ce sont les *champignons*. Vous en avez vu maintes fois dans les champs, le long des talus, sous les arbres, dans les bois, et même sur le tronc des arbres. Il y a des champignons de différentes formes et de différentes couleurs. La plupart des espèces ont la forme de petits parapluies ouverts, ou de calottes arrondies portées sur un pied. Il y en a de très petits; il y en a de moyens; il y en a qui sont plus larges qu'une assiette. Certaines espèces de champignons sont blancs, d'autres sont bruns, d'autres rouges, jaunes, noirs. Ces végétaux croissent très vite : Dans un lieu où il n'y avait rien la veille, on est bien étonné de trouver le lendemain toute une famille de champignons qui ont poussé dans une seule nuit.

La plupart des champignons sont de violents poisons. Certaines espèces, il est vrai, sont alimentaires, mais il est difficile de les distinguer de celles qui sont vénéneuses, car il y a plusieurs espèces à peu près semblables dont l'une est bonne et l'autre mauvaise. Des personnes qui croient bien les connaître s'y trompent souvent. Aussi nous vous recommandons bien, chers enfants, de ne jamais goûter les champignons que vous pourrez trouver dans vos promenades.

Vous avez peut-être vu quelquefois sur des aliments qui se gâtent, des taches vertes ou grises qu'on appelle vulgairement du *moisi*. Vous serez peut-être étonnés d'apprendre que ce moisi, ou plutôt ces moisissures, qui ressemblent à un fin duvet, sont de véritables végétaux de la famille des champignons.

Ces champignons imperceptibles, qui ne deviennent visibles qu'au moyen de leur grand nombre, se produisent sur tout ce qui est humide, vieilli ou gâté. Un fruit, un peu de colle de farine laissée sur une assiette, devient en quelques jours un champ couvert de moisissures. Vous avez bien vu dans vos écritoires l'encre trop vieille devenir pâteuse et se couvrir de taches blanches veloutées ? Eh bien ! ces taches sont des moisissures, c'est-à-dire des masses de champignons imperceptibles.

Ces plantes sans fleurs, sans fruits, sans feuilles, les champignons et les moisissures, sont les plantes les plus simplement organisées ; en un mot, les plus élémentaires de tous les végétaux.

QUESTIONNAIRE.

Les champignons croissent-ils lentement ? — Les champignons sont-ils tous alimentaires ? — Est-il facile de distinguer ceux qui peuvent être mangés de ceux qui sont de violents poisons ? — Que sont les *moisissures* ? — Où se forment les moisissures ? — Quels sont les végétaux les plus simples ?

Les algues.

Si vous allez un jour au bord de la mer, vous pourrez recueillir sur les rochers du rivage, et même dans l'eau salée, une foule de plantes ressemblant très peu à celles de nos jardins et de nos prairies. Ces plantes de la mer ont tou-

Alariée.

tes sortes de formes singulières : les unes ressemblent à de larges rubans flottants dans les vagues ; d'autres à de larges feuilles dentelées ; d'autres à de grosses touffes d'herbes, ou à de

Varech porte-baie.

longues cordes d'un vert sombre. Il en est qui sont formées d'une multitude de petits rameaux s'étalant en éventail, finement découpés, et de couleurs aussi vives que les fleurs de nos prairies. Celles-là sont les plus curieuses et les plus jolies plantes qu'on puisse voir. Il y en a des milliers d'espèces, et certains rochers du rivage en sont tout couverts. A travers la transparence de l'eau, on voit ces singuliers végétaux plantés dans le lit de la mer, aux en-

Laurencie.

droits peu profonds, et serrés les uns contre les autres comme l'herbe des prés. Ces végétaux marins se nomment en général des *algues*.

Les algues ne produisent, elles non plus, ni

fleurs, ni fruits. Elles n'ont même pas de véritables feuilles; ce sont leurs rameaux aplatis et délicatement dentelés, qui figurent souvent une sorte de feuillage.

Les algues les plus communes sont vertes, jaunes ou brunes; mais un grand nombre d'espèces ont des couleurs magnifiques; il y en a

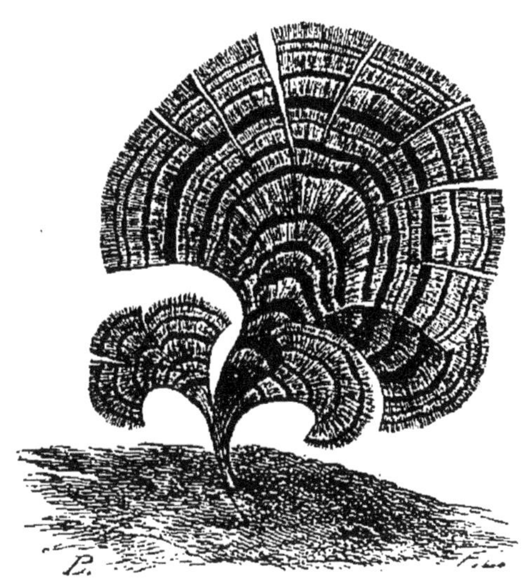

Zonaire paon.

d'un vert vif, d'un rouge feu, d'autres roses, d'autres blanches comme la neige, ou jaunes comme de l'or; d'autres sont rayées ou panachées de diverses nuances.

Les algues n'ont pas de racines véritables. Il y en a qui vivent flottantes à la surface de l'eau, à peu près comme les petites lentilles vertes que vous voyez souvent sur les mares. D'autres se fixent au rocher par leur pied en forme de racine, mais vous comprenez qu'elles n'y trouvent pas de nourriture. Les algues tirent leur nourriture de l'eau elle-même; et c'est par toutes leurs parties qu'elles absorbent les sucs nourriciers qui leur conviennent.

Il y a aussi des algues dans les eaux douces et courantes des ruisseaux et des rivières, dans les eaux dormantes des lacs et des étangs; mais elles sont moins belles que les algues marines, c'est-à-dire que celles qui végètent dans les eaux salées de la mer.

QUESTIONNAIRE.

Comment nomme-t-on généralement les plantes de la mer? — Quelles sont les formes les plus communes des algues? — Quelles sont leurs couleurs les plus ordinaires? — Y a-t-il un grand nombre d'espèces d'*algues*? — Certaines algues semblent-elles être pourvues de feuilles? — Qu'est-ce qui simule les feuilles sur les algues? — Ces plantes croissent-elles en grand nombre? — Ces plantes ont-elles des racines véritables? — Y a-t-il des algues qui flottent à la surface de l'eau? — D'où les algues tirent-elles leur nourriture? — Par quelles parties ces végétaux absorbent-ils les sucs qui les nourrissent? — Y a-t-il aussi quelques espèces d'algues dans les eaux douces?

CONDITIONS D'EXISTENCE DES PLANTES.

Nous avons vu, mes enfants, comment une graine se sème sur la terre à une distance plus ou moins éloignée de la plante qui l'a produite. Germera-t-elle, cette graine? Peut-être; mais vous allez voir qu'il y a beaucoup de circonstances qui pourront l'en empêcher.

D'abord, la graine qui vient de tomber est déposée *sur* la terre et non pas *dans* la terre. S'il fait trop chaud ou trop sec, la graine se dessèchera; si au contraire il pleut, elle risque d'être entraînée on ne sait où. Une gelée peut la faire périr; les insectes peuvent la dévorer.... Si malgré tous ces dangers la petite graine parvient à germer, si sa frêle racine peut trouver la terre assez bien disposée pour s'y introduire, la plante peut encore être étouffée par les herbes qui l'entourent, c'est-à-dire être privée de l'air et de la lumière qui lui sont nécessaires. Sans doute il peut arriver que la graine tombe sur une bonne terre; qu'elle pénètre dans une petite ouverture où elle se trouve abritée du vent et de la sécheresse; mais pour une qui aura cette chance, combien d'autres ne l'auront pas, et périront. Voilà pourquoi, sur mille graines semées ainsi à l'aventure, quelques-unes à peine réussissent à germer.

Mais aussi, par compensation, les plantes produisent beaucoup plus de graines qu'il ne serait nécessaire si toutes devaient germer. Un seul pied de pavot par exemple, donne des graines par centaines de mille. Songez à ce qui arriverait si elles germaient toutes. Bientôt la terre ne serait plus couverte que de pavots. La plupart périssent donc, mais si quelques-unes seulement trouvent moyen de lever et de produire, l'espèce de la plante ne périra pas.

Toutes les plantes ne se plaisent pas non plus dans le même sol, vous le savez. Voici une graine d'un de ces joncs qui ne croissent que dans les prés bas et humides : si le vent emporte cette graine dans un endroit pierreux, desséché, elle ne pourra pas germer faute du sol humide qui convient à sa nature. Tandis que si la graine du chardon, qui aime les terrains secs, fût tombée au même endroit, elle eût levé facilement; et au contraire eût péri dans les lieux humides où le jonc se plaît.

Ainsi, pour qu'une graine germe, il faut qu'elle trouve dans l'endroit où elle est semée non-seulement l'air, l'eau, la nourriture et la chaleur nécessaires à la vie de toute plante, mais encore ce qui convient particulièrement à son espèce.

QUESTIONNAIRE.

Une graine tombée à terre germe-t-elle toujours? — Que faut-il pour qu'elle germe? — La plupart des graines d'une plante périssent-elles? — Pourquoi? — Qu'arriverait-il si toutes les graines d'une même espèce de plante germaient? — Pourquoi est-il utile que les plantes portent un très-grand nombre de graines?

STATION NATURELLE DES PLANTES.

Vous savez déjà que toutes les plantes ne poussent pas indifféremment dans tous les pays, et vous voyez, par ce que nous venons de vous dire, que dans un même pays toutes les plantes ne croissent pas indifféremment partout.

Nous vous avons quelquefois conseillé de cueillir les plantes que vous rencontrez dans vos promenades, pour les examiner. Mais si vous voulez observer une plante déterminée, irez-vous la chercher au hasard dans la campagne? Ce serait risquer de vous donner de la peine pour rien; tandis que si vous connaissez d'avance en quel lieu croît cette fleur, vous saurez tout naturellement où il faut aller la chercher. Il est agréable de se dire en partant : « Nous allons en tel endroit chercher telle plante. » Savoir ainsi en quel endroit, sur quel terrain, se trouvent naturellement les diverses espèces de plantes, c'est connaître ce qu'on appelle, la *station* des plantes.

Nous allons faire une excursion botanique à travers champs et bois, par les vallées et les collines, pour reconnaître les plantes qui croissent naturellement dans notre pays, comme le vent les sème. Parmi celles que nous rencontrerons vous en connaissez déjà plusieurs. Nous étudierons les autres plus tard.

QUESTIONNAIRE.

Toutes les plantes croissent-elles dans tous les pays ? — Les plantes d'un même pays croissent-elles indifféremment dans les mêmes terrains ? — Qu'appelle-t-on la *station* d'une plante ? — Pourquoi est-il utile de la connaître ?

Sur la colline.

Quel chemin allons-nous prendre ? Eh mais, le chemin de la vallée que nous avons déjà parcourue en parlant de géographie ! Vous vous rappelez cette petite vallée, ces collines où nous avons fait notre premier voyage géographique? Partons du village, et parcourons d'abord les collines. Là où le sol est rocailleux, desséché, et très peu couvert de terre végétale, nous trouvons parmi l'herbe courte et jaunie qui tapisse les sommets, une petite plante dont les tiges rampent pour ainsi dire sur le sol. Cette plante est couverte de fleurettes blanches ou rosées, qui répandent une odeur saine et pénétrante; c'est le *serpolet*, dont les lapins et les lièvres sont très friands, ainsi que du *thym* qui s'y rencontre aussi. Là ou les rochers s'élèvent en perçant la terre, nous voyons croître les *ronces*, dont les grandes tiges s'accrochent à tout ce qu'elles atteignent, et dont les fleurs ressemblent à de petites roses. Puis voici le prunelier ou *prunier sauvage*, dont les branches sont armées d'épines, et dont les fruits sont si âpres qu'on ne peut les manger. Les *groseilliers* sauvages; les buissons de *houx*, dont les feuilles sont tuyautées et piquantes, et dont le fruit est une grappe de jolies baies rouges. Toutes ces plantes, peu exigeantes en fait de terre, enfoncent leurs racines dans les fentes mêmes du rocher.

En descendant un peu vers les endroits moins secs, nous trouvons le *fenouil*, avec ses fleurs en ombelles comme les fleurs des carottes, et ses feuilles découpées comme des plumes légères. Le fenouil répand une odeur agréable contenue dans ses tiges, ses feuilles, ses fleurs et ses fruits.

Le *buis* sauvage se plaît aussi sur les pentes rocailleuses, pourvu que l'endroit soit frais et ombragé. Vous savez que le buis est un arbrisseau qui garde sa verdure toute l'année, hiver comme été.

Traversons maintenant la vallée, passons sur la chaussée de l'étang, et montons sur le plateau d'en face. Le terrain de ce plateau est encore aride et rocailleux ; mais il n'est ni accidenté, ni semé de blocs de rochers comme la colline. Nous y rencontrons surtout les jolies *mauves* roses et violettes ; le petit *géranium* rose, dont les fruits se terminent comme le bec allongé d'un oiseau, et qu'on appelle à cause de cela : *géranium bec de grue*. Baissons-nous, et examinons cette jolie *verveine* violacée à fleurs en épis. En certains endroits le sol est couvert de *genêts*, dont les fleurs jaunes forment comme des corbeilles, et dont le fruit en gousse s'ouvre en craquant pour laisser sortir ses graines mûres. Puis voici la *gaude*, sorte de réséda sans odeur dont on fait une teinture jaune. Puis voici la *molène*, appelée aussi *bouillon blanc*, dont les feuilles épaisses semblent du velours, et dont les fleurs jaunes sont disposées en épi le long d'une tige élancée. Là aussi les *églantiers* sauvages étalent leurs petites roses simples à cinq pétales : les vraies roses, celles que la nature fait sans le jardinier.

Un peu plus loin nous voyons le sol aride couvert de *chardons* de différentes variétés, et nous admirons les jolies aigrettes de duvet au moyen desquelles le vent emporte leurs graines, pour les semer au loin. Examinons encore une fois la feuille rude et piquante de la *bourrache*, dont nous avons, il y a peu de temps, analysé la fleur. Avançons toujours, et nous verrons le sol tout couvert de *bruyères* blanches, roses ou jaunes, dont les petites corolles ont la forme de grelots et de clochettes.

Nous arrivons maintenant en face d'un bois. Dans ce bois, le sol encore sec n'est plus rocailleux, mais sablonneux. Une petite herbe à ras de terre, et jaunie par la sécheresse, le recouvre. Il s'y trouve quelques fougères. Nous pourrions y cueillir de gros bouquets de *digitales* pourprées, avec leurs corolles en forme de doigts ou de grands dés à coudre; mais cette plante, quoique jolie, est un poison violent : n'y touchons pas!

Remarquons plutôt ces petites *carottes* sauvages avec leurs fleurettes blanches. Leur racine grêle et coriace ferait triste effet dans notre potage; il faut les soins de la culture pour la faire grossir et la rendre bonne à manger. Voici des *armoises,* plantes utiles en médecine. Voici de jolis arbrisseaux qu'on a plantés ici parce que le sol leur convient : le *genévrier* aux petits fruits ronds et épicés; et le *tamaris* dont les feuilles délicates ont un aspect très élégant. Quant au bois même dans lequel nous sommes, il est composé de grands *pins* qui se plaisent sur les lieux élevés, et dans les sols légers et sablonneux.

QUESTIONNAIRE.

Citez quelques-unes des plantes des lieux arides et rocailleux. — Celles qui croissent sur les rochers. — Celles qui croissent de préférence dans les terrains sablonneux. — Dire quelques mots de l'apparence, de la forme des feuilles, de la forme et de la couleur des fleurs ou des fruits, de la disposition des enveloppes de la fleur, etc., etc., ou tout autre caractère que vous avez remarqué sur les plantes que vous connaissez[1].

1. Voyez le *Manuel.*

Au bas des pentes.

Traversons encore une fois la vallée, et franchissons le ruisseau pour entrer dans les taillis si frais qui couvrent le bas des pentes de notre chaîne de collines. Là, nous trouvons sous le *couvert*, c'est-à-dire sous les arbres, les *framboisiers* sauvages ; les *arum* dont la feuille a la forme d'un fer de lance, et dont les baies, rouges quand elles sont mûres, sont enveloppées d'une feuille en forme de cornet. Les *anémones* des bois, les *jacinthes* sauvages, percent la *mousse* épaisse qui croît à l'ombre. Le long des sentiers nous cueillons l'*oseille* sauvage, dont les feuilles ont un goût très acide. Nous voyons la *vesce*, semblable à un *pois à fleurs* en miniature; la *violette*, qui fleurit au printemps. Aux endroits un peu découverts le sol est tapissé de *fraisiers*, portant des fleurs blanches en même temps que des fruits rouges et parfumés. Parmi les buissons nous apercevons la *belladone* qui nous offre ses dangereuses petites baies rouges, auxquelles nous nous garderons bien de toucher; et la *morelle douce-amère*, trop semblable à la belladone pour nous inspirer confiance.

Souvent, à la lisière du bois, les *pervenches*

entrelacent aux buissons leurs tiges flexibles, élégamment ornées de petites fleurs en étoiles, blanches, bleues ou violettes.

Enfin, si nous nous avançons du côté le plus aride de ce bois, nous pourrons trouver des touffes de fougère atteignant quelquefois jusqu'à 3 et 4 mètres de hauteur.

Un instant, chers amis, reposons-nous à l'ombre des *coudriers*, des *tilleuls*, des *châtaigniers* et des *hêtres*. Nous reprendrons bientôt notre excursion, et nous rentrerons au village par le sentier des prairies.

QUESTIONNAIRE.

Citez quelques-unes des plantes qui croissent au bas des pentes, à l'ombre des bois.

Sur l'étang.

Allons ensemble au bord de l'étang. De la rive abritée par les grands arbres, nous voyons flotter à la surface de l'eau les larges feuilles des *nénuphars blancs*, dont les fleurs, composées d'une vingtaine de pétales, viennent s'épanouir au-dessus des eaux. La nuit, ces jolies fleurs se ferment et rentrent sous l'eau, comme pour aller dormir chez elles. Ailleurs sont les *né-*

nuphars jaunes, autre espèce dont la corolle n'a que cinq pétales.

En remontant vers l'embouchure du ruisseau qui forme l'étang, nous apercevons, aux endroits peu profonds, les feuilles étroites de la *châtaigne d'eau* qui vit au fond tout l'hiver, et ne monte à la surface qu'au printemps, pour faire épanouir ses fleurs. Les fruits de cette plante, hérissés de quatre cornes pointues, sont bons à manger. On les fait bouillir dans l'eau, et leur saveur rappelle celle de la châtaigne, c'est pourquoi on les appelle châtaignes d'eau.

Toujours près de la rive nous voyons des *roseaux*, avec leurs hautes tiges, leurs fruits en quenouilles brunes semblables à des panaches de velours, et entourés de feuilles pointues que le moindre vent soulève et fait onduler comme des rubans. Puis voici les *glaïeuls*, d'une famille voisine de celle des roseaux, et qui portent de jolies fleurs jaunes et les *iris*, frères des glaïeuls, dont la fleur est bleue ou violette.

A l'embouchure du ruisseau, là où le limon se dépose, nous voyons des *prèles*, végétaux sans fleurs comme les fougères, et dont la tige est rude comme ce qu'on appelle du papier de verre. Tout près du bord nous apercevons le joli *myosotis* avec ses petites fleurs bleues. Puis la dangereuse *ciguë aquatique*, ornée de ses ombelles; et dans une petite mare où l'eau est stagnante, la *renoncule aquatique*, reconnaissable à ses fleurs jaunes. Ces deux dernières plantes sont encore des poisons. Autour de l'étang, dans les parties à demi-submergées qui forment le marais, nous voyons des touffes de *joncs*, avec leurs tiges longues et arrondies, dont les jardiniers font des liens pour attacher les jeunes plantes.

Remontons le cours du ruisseau. De chaque côté les rives sont bordées de larges touffes d'*osier* aux tiges flexibles, dont on fabrique des paniers. Derrière les osiers nous voyons deux sortes d'arbres qui croissent de préférence au bord des ruisseaux : les *saules* avec leur feuillage vert pâle ; et les *aulnes* avec leur feuillage vert sombre. Ailleurs s'élèvent des *peupliers* dont le pied plonge presque dans l'eau. Ici, le *houblon sauvage* croît sous l'ombre des arbres, aux branches desquels il se suspend et forme des guirlandes. Au milieu même du courant les *stellaires* flottent au fil de l'eau, en longues traînées, élevant leurs jolies fleurs en forme de petites étoiles blanches, d'où leur vient ce nom de *stellaires* qui veut dire : fleurs *étoilées.*

QUESTIONNAIRE.

Citez quelques exemples de plantes aquatiques des eaux dormantes. — De plantes des marécages et des ruisseaux.

Dans la prairie.

Des deux côtés du ruisseau s'étend la prairie, couverte de ces jolis gazons à feuilles étroites et minces que vous appelez l'*herbe*, et que les savants appellent des *graminées*. Parmi ce gazon vous trouverez la *consoude*, et les jolies fleurs appelées : *reines des prés*. Vers le haut de la vallée, là où le terrain est moins humide, vous pourrez cueillir selon la saison, la *pâquerette blanche;* les *marguerites;* les *primevères*, dont nous avons étudié la corolle. Vous y verrez des milliers de *boutons d'or*, petites renoncules qui sont un poison comme leurs sœurs du bord de l'eau; le *pissenlit*, avec ses fleurs jaunes en étoiles, ou ses boules de graines délicates que le vent soulève. Les diverses espèces de *trèfle* blanc, rose ou violet n'y manquent pas non plus. Un peu plus loin voici le *lin sauvage*, avec ses jolies corolles bleues; sur les talus, l'*ivraie*, qui ressemble à du blé; la *folle avoine*, balançant au vent ses chaumes frêles; le *plantain* dans les places les plus abritées.

QUESTIONNAIRE.

Citez quelques exemples de plantes des prairies humides. — Des prés moins humides.

Vers la source.

Maintenant, remontons le ruisseau jusqu'au ravin d'où il se précipite. Là, nous voyons les pierres dont son lit est encombré couvertes d'une *mousse* aquatique toujours baignée par l'eau courante. Tout près de la source, le cours du ruisseau est lui-même rempli de cresson, de ce cresson de fontaine bon à manger, qui, dit on, entretient *la santé du corps*. Il a pour voisine la *berle* qui lui ressemble, mais dont on ne fait aucun usage. Entre les pierres humides qui forment la fontaine d'où s'échappe la source, croissent une variété de *fougère* à large feuilles sans dentelures; et le *capillaire*, autre variété de fougère très petite, dont les feuilles excessivement délicates sont des *feuilles composées*.

QUESTIONNAIRE.

Citez quelques exemples de plantes des eaux courantes. — Citez quelques arbres et quelques plantes qui se plaisent sur les rives des ruisseaux. — Quelques plantes qui croissent près des fontaines et sur les pierres humides des sources.

Au retour.

Disons adieu au ruisseau, à la fontaine, et retournons au village. Nous pouvons nous dispenser de visiter les jardins, puisque nous ne nous occupons que des végétaux qui poussent sans culture. Mais si nous rencontrons quelque vieux mur, nous nous arrêterons pour remarquer les plantes qui trouvent à vivre dans sa poussière: les *giroflées jaunes;* les *mufliers*, dont la fleur ressemble au mufle ou museau d'une bête; les *pariétaires*, dont les fleurs sont à peine visibles, et qui enfoncent leurs racines dans les joints de la pierre. Sur les haies, nous verrons des *ronces* avec leurs grappes de fruits noirs, composés, appelés *mûres* sauvages. Puis au pied de la haie, au lieu le plus humble, l'*ortie* dont la feuille pique, et l'*ortie blanche* qui ne pique pas, et qui, malgré son nom n'est pas une ortie. Si nous voyons quelque cabane en ruine, quelque amas de décombres, nous avons chance d'y rencontrer le *lierre* tapissant les murs de sa verdure sérieuse; et la *jusquiame*, aussi dangereuse que la belladone.

Peut-être aussi trouverons-nous des *mauves* aux fleurs lilas et aux feuilles arrondies. Nous jetterons un coup d'œil sur les champs, mais nous ne nous arrêterons pas aux plantes qui les remplissent, parce que ce sont des plantes cultivées. Nous pourrons cueillir parmi les blés, si la saison en est venue, des *coquelicots*, qui sont une espèce de *pavot*, des *bleuets*, des *nielles*. Si nous rencontrons quelque terrain qui n'ait pas été ensemencé, il est à coup sûr envahi par des *fumeterres* à petites fleurs rosées; des *filipendules grêles*, des *tussilages* à larges feuilles blanches, veloutées en dessous; de petits *liserons* délicats à fleurs blanches ou roses. Le long des haies d'*aubépine* nous pourrons trouver des *clématites* sauvages, de l'*épine-vinette*, de grands *liserons* blancs, des *chèvrefeuilles* entrelacés.

Mais c'est assez pour cette fois. Vous avez compris que chaque plante se plaît mieux dans certains terrains, dans certains endroits, où elle trouve ce qui convient à sa nature; c'est-à-dire plus ou moins de lumière ou d'ombre, plus ou moins de chaleur ou de fraîcheur, plus ou moins de sécheresse ou d'humidité. L'année prochaine vous verrez quelle utilité on retire de ces observations pour la *culture des plantes*.

QUESTIONNAIRE.

Citez quelques-unes des plantes qui croissent sur les murs, — sur les décombres, — dans les champs cultivés, parmi les moissons, le long des haies et dans les buissons.

Dire quelques mots sur l'aspect, la forme des feuilles et des fleurs, etc., etc., de chacune des plantes qui vous sont connues[1].

La patrie des plantes.

Non-seulement les plantes se distribuent suivant les lieux qui leur conviennent; mais aussi, et pour la même raison, chaque espèce de plante est née dans un pays et non dans tous. C'est surtout le climat, c'est-à-dire le plus ou moins de chaleur avec ses conséquences, qui permet à une plante de vivre dans un pays ou qui l'en empêche. Nous vous avons déjà cité comme exemple les palmiers, qui ne peuvent vivre que dans les pays très chauds, tandis que les sapins préfèrent le froid des zones glaciales.

1. Voyez le *Manuel*.

Une autre preuve de l'influence du climat sur la demeure des plantes, nous serait fournie par une ascension sur une montagne. Au pied de la montagne croissent les plantes naturelles du pays où elle se trouve; mais à mesure qu'on s'élève sur les versants, le froid devenant plus vif, on voit les espèces changer, en passant des plantes qui vivent sous les climats tempérés, à celles qui ne vivent que dans les régions rapprochées du pôle. Vous savez également que les vignes, les oliviers, les orangers, ne peuvent mûrir soit au-dessus d'une certaine élévation, soit au delà d'une certaine distance de l'équateur.

Lorsqu'une plante a été transportée dans un pays qui n'est pas le sien, mais dont le climat lui convient, et où les conditions nécessaires à sa végétation se rencontrent, elle peut vivre dans ce pays. *Elle peut y vivre*, mais cela ne veut pas dire qu'elle y croît *naturellement*. Chaque espèce de plante a sa *patrie*, c'est-à-dire le pays où elle croît naturellement, d'elle-même, et en abondance. Ainsi la pomme de terre croît naturellement dans certaines contrées de l'Amérique du nord, et comme la France a à peu près le même climat que ces contrées, la pomme de terre peut vivre en France, où elle fut longtemps inconnue. Mais, il y a un siècle, un homme instruit et intelligent, appelé *Parmentier*, étant allé en Amérique, en rapporta des pommes de terre qu'il planta dans des conditions favorables. Il s'attacha à les faire apprécier. On se mit à cultiver cette utile plante, et depuis elle croît en France comme dans l'Amérique, sa patrie.

Aller chercher au loin une plante, et l'habituer à vivre dans un pays et sous un *climat* qui ne sont pas les siens, cela s'appelle *acclimater* cette plante. Vous verrez plus tard qu'un très grand nombre de plantes, depuis la pomme de terre jusqu'aux arbres fruitiers cultivés aujourd'hui dans nos jardins et nos champs, ont été apportées des pays étrangers et acclimatées dans le nôtre. L'acclimatation est donc une chose excellente et profitable à tous, puisqu'elle permet aux différents peuples d'échanger entre eux les richesses vivantes, plantes ou animaux utiles, qui se trouvent naturellement dans leurs pays.

QUESTIONNAIRE.

Quelle est la principale cause pour laquelle certaines plantes ne vivent qu'en certains pays? — Citez des plantes propres aux climats chauds; — aux climats glacés. — Quand on gravit une montagne, quelles plantes rencontre-t-on à mesure qu'on s'élève ? — Quand un pays a le terrain et le climat convenables à une plante, cette plante y croît-elle toujours *naturellement*? — Qu'appelle-t-on la *patrie* d'une plante? — Qu'est-ce qu'acclimater une plante?— Que faut-il pour qu'une plante puisse être acclimatée en un certain pays? — Beaucoup de plantes qui vivent maintenant dans notre pays, ont-elles été acclimatées chez nous? — Citez l'exemple d'une plante acclimatée depuis un siècle. — Pensez-vous que Parmentier ait rendu un grand service à son pays en lui donnant une nouvelle plante alimentaire?

RÈGNE MINÉRAL.

Où donc est-il, le règne minéral? Il est en partie caché dans le sein de la terre, sous nos pas. Il forme le globe lui-même, depuis le sol des champs, des villes, des chemins, jusqu'aux profondeurs sombres et brûlantes d'où nous avons vu revenir bouillonnantes les petites gouttes d'eau dont vous n'avez sans doute pas perdu le souvenir,[1] et jusqu'aux régions élevées de l'atmosphère.

Eh quoi! nous faudra-t-il descendre, comme ces *gouttes d'eau*, dans les mêmes chemins ténébreux où le feu des volcans s'allume, pour étudier cette troisième partie de l'histoire naturelle qu'on appelle le *Règne minéral?*

Non, chers enfants, cela ne sera point nécessaire. Des savants laborieux, de courageux ouvriers de l'industrie, ont fait pour nous une partie de ce dangereux voyage, et nous en ont rapporté tant de choses instructives, que nous

1. *Voyages des gouttes d'eau*. Grammaire, période élément.

pouvons étudier le règne minéral sans nous déranger. Ouvrez bien vos yeux, regardez tout autour de vous, vous serez étonnés de voir tant d'objets appartenant au règne minéral, auxquels vous n'aviez pas encore fait attention.

Voici d'abord les carreaux de vitres en *verre;* les serrures des portes avec leurs clés en *fer;* le petit bouton jaune que l'on tourne pour ouvrir, en *laiton*. Voici la cheminée en *marbre;* les chenets en *fonte;* les carreaux du foyer en *terre cuite;* et la *houille* brûlant dans sa corbeille de fonte. Voici la pendule en *albâtre*, avec son timbre en *acier;* des vases à fleurs en *porcelaine;* des flambeaux en *bronze;* un garde-feu en toile *métallique;* un thermomètre marquant les degrés de chaleur par l'élévation ou l'abaissement d'une petite colonne de *mercure*.

Voici encore une statuette en *plâtre;* un bougeoir en *aluminium;* un porte-allumettes en *tôle* dorée, et dans le porte-allumettes des allumettes garnies de *soufre* et de *phosphore*. Dans la salle à manger il y a des couverts en *argent*, et dans la cuisine, d'autres couverts en *étain*. Dans le tiroir du bureau il y a des sous de *cuivre*, des pièces d'*argent* et d'*or*. Peut-être y a-t-il dans l'armoire de votre maman des bijoux, des *diamants*, et, plus utiles que les bijoux et les diamants, des aiguilles et des épingles. Dans votre pupître à vous, enfants, il y a des crayons de *mine de plomb*; et sur le rebord du tableau noir, voici des crayons de *craie*.

Enfin le toit de votre maison est couvert en *ardoises*; les murailles sont construites en pierres de *moëllon* et en *pierres de taille*, lesquelles sont cimentées avec du mortier fait de *chaux* et de *sable*.

Comment! tout ce que nous venons de nommer provient du règne minéral? Oui, et beaucoup d'autres choses encore. En voulez-vous être assurés par vous-mêmes? Adressez-vous cette simple question : « Chacune des matières que nous venons de nommer est-elle un animal, ou en provient-elle? Non, évidemment. Est-elle un végétal, ou en a-t-elle fait partie? Non encore. Si une matière n'est ni un animal, ni un végétal, et ne provient ni de l'un ni de l'autre, elle est forcément du règne minéral, puisque la nature se divise entre ces trois règnes[1].

1. Voyez le *Manuel*.

QUESTIONNAIRE.

Où se trouve le règne minéral ? — Citez des objets fabriqués avec les différentes matières appartenant au règne minéral.

LES ESPÈCES MINÉRALES.

Caractéres généraux.

Vous pouvez déjà, chers enfants, juger que le règne minéral se compose d'un grand nombre de matières différentes, appelées : *minéraux*. Chaque espèce de minéral a son nom, sa couleur, sa manière d'être, c'est-à-dire ses *caractères*. C'est par l'examen de leurs caractères que nous allons essayer d'apprendre à connaître un peu les minéraux, dont l'étude complète est appelée la *minéralogie*.

Les animaux et les végétaux, qui sont des êtres vivants pourvus d'organes, forment ce qu'on appelle la *série organique*, c'est-à-dire l'ensemble de tous les êtres *organisés*.

Mais le caillou que vous ramassez sur votre chemin n'a point de vie ; aussi n'a-t-il point d'organes. Il n'est ni un animal, ni un végétal : c'est un minéral.

Le minéral s'accroît, mais d'une tout autre manière que les animaux et les végétaux. Ceux-ci grandissent par une action intérieure, au moyen d'une nourriture introduite au dedans d'eux, et transformée par eux en sang ou en sève. Le minéral s'accroît, lui, par le dehors, au moyen de nouvelles couches de matière semblable à lui, qui se joignent à lui successivement, lentement et dans le repos.

Un oiseau, un arbre parvient à la taille ordinaire de ceux de son espèce en un an, dix ans, cent ans, enfin dans un temps déterminé. L'accroissement d'un minéral n'a rien de fixe, ni comme dimension, ni comme durée. Le minéral n'ayant point la vie, subsiste indéfiniment, et peut s'accroître pendant des milliers de siècles, ou rester stationnaire; ou bien décroître, s'amoindrir je veux dire se décomposer.

Tous les minéraux ensemble forment donc une autre série appelée : *série inorganique*, c'est-à-dire : série des espèces qui n'ont point d'organes.

Chaque espèce minérale a ses qualités particulières qui la font distinguer des autres minéraux. Vous ne prendrez certainement pas un moellon pour un morceau de fer, un grain de sel pour du soufre, etc.

Peut-être allez-vous penser que les minéraux

ne sont pas aussi agréables à étudier que les animaux et les plantes? Un animal sent, se meut, vous regarde; quelquefois on comprend sa pensée. Une plante est vivante, elle pousse, fleurit, et souvent est gracieuse. Tandis qu'une pierre ne dit rien, ne bouge pas; on ne la voit ni grandir ni diminuer. Pourtant, chers amis, les minéraux, comme toutes les autres parties de l'univers, ont mille secrets charmants dont l'étude ravit et captive. Voulez-vous en juger? étudions-les ensemble. Nous commencerons par le plus facile.

QUESTIONNAIRE.

Qu'appelle-t-on la *série organique*? — Pourquoi dit-on que les minéraux sont des matières non organisées? — Que signifie le mot *inorganique*? — Qu'est-ce que la série inorganique? — Y a-t-il des *espèces* différentes parmi les minéraux? — Qu'appelle-t-on les *caractères* d'un minéral? — Qu'est-ce que la *minéralogie*?

Observation des caractères.

On reconnaît un minéral en observant ses *caractères*.

Vous vous promenez dans la campagne, un petit ruisseau serpente à travers un pré, l'eau est transparente, et vous permet d'apercevoir dans le lit du ruisseau de jolis cailloux brillants qui semblent teints des plus fraîches couleurs. Plongez la main dans cette eau pure, et retirez-en un des petits cailloux pour l'examiner tout à votre aise. D'abord vous voyez qu'il est fait d'une matière solide ; il ne fond pas à la chaleur, et ne se dissout pas dans l'eau. Vu dans le lit du ruisseau, ce caillou avait un éclat assez vif, mais c'était l'eau qui lui donnait cet éclat, car il est devenu terne aussitôt que nous l'avons eu dans nos mains. De plus, ce caillou est le même dans toutes ses parties, à quelques nuances près. Nous voyons bien qu'il forme un seul morceau, et se compose d'une même matière. Nous jugeons, par conséquent, que ce caillou appartient à une seule espèce de minéral. Mais quelle est cette espèce?

Observons la couleur du caillou à l'extérieur. Il y a des minéraux de toutes les couleurs, mais leur couleur ne suffirait pas pour les faire reconnaître. Constatons cependant que notre caillou est d'une couleur « *jaune-brun.* »

Regardez maintenant si la surface de ce minéral est inégale, rude, ou si au contraire elle est lisse et luisante. Cet examen de la surface vous permettra de reconnaître des caractères utiles. « La surface de votre caillou est *lisse,* sans aucune fente ni cavité. » Mais peut-être n'est-ce point là son aspect naturel. Peut-être ce caillou a-t-il été longtemps roulé dans le courant des ruisseaux et des rivières, froissé, usé, poli, et a-t-il ainsi perdu l'aspect primitif de sa surface. Comment faire pour ne pas nous y tromper ? Comment ? Brisons le caillou, et examinons-le à l'intérieur. La cassure nous offrira une surface neuve et naturelle. Puis, en brisant un minéral on reconnaît s'il est plus ou moins dur; s'il éclate ou se tord; s'il se divise en morceaux ou s'écrase en poussière. Tous ces caractères nous serviront à reconnaître son espèce. Pour briser notre caillou, mettons-le sur une pierre, et, en le frappant avec une autre pierre qui nous servira de marteau, nous réussirons à le casser en plusieurs morceaux.

Voilà ce travail accompli; mais comme il nous a donné beaucoup de peine, nous disons que ce minéral « est *résistant*, *dur,* et non pas *friable* » c'est-à-dire facile à écraser. Le caillou s'est cassé « *net;* » et nous remarquons que les fragments qui se sont détachés sont « *minces sur les bords et tranchants comme des morceaux de verre.* » Ceci est encore un caractère duquel il faudra nous souvenir.

Tandis que nous essayions de briser notre caillou, il nous a semblé en voir jaillir de petites étincelles. Est-ce une erreur? Pour nous en assurer, prenons un objet de fer ou d'acier, par exemple le dos de la lame d'un couteau, et en le choquant fortement contre un des bords aigus du caillou, nous en voyons bien réellement jaillir des étincelles. Tenons encore note de ce caractère, et ajoutons au compte de notre caillou : « Cette matière *fait feu au briquet.* »

Examinons maintenant la cassure. Quand on brise un minéral, la cassure peut être *lisse*, ou *rude*, ou *grenue;* d'autres fois elle est *fibreuse*, c'est-à-dire que le minéral paraît être, comme le bois, composé de fibres. D'autres fois la matière semble se diviser par *lames* ou *feuillets.* Il faut noter tout cela. Ainsi nous reconnaissons que la cassure de notre caillou est « *lisse* et même un peu *luisante.* »

Nous avons dit qu'en mettant à nu l'intérieur d'un minéral on peut mieux juger de sa couleur. En effet, si le minéral est composé de parties de diverses couleurs, on les voit distinctement. Parfois ces couleurs sont disposées en bandes parallèles comme des rubans; on dit alors que le minéral est *rubané.* — Nous observons que la couleur jaune-brun de notre caillou n'est pas uniforme. Sur les bords, elle est un peu plus pâle. La cassure le montre; la surface extérieure ne permettait pas de le voir.

Non-seulement on reconnaît à la cassure la couleur vraie du minéral; mais on y voit en même temps si la matière est opaque, translucide ou transparente. Il y a des minéraux colorés, d'autres incolores, qui sont d'une transparence magnifique. Mais celui que nous examinons, notre petit caillou, est seulement « *translucide*, et un peu *laiteux* par endroits. »

Il présente encore d'autres caractères que nous pourrions observer, mais nous avons nommé les plus apparents. Tenons-nous en là pour aujourd'hui, et résumons ainsi nos observations :

Notre minéral, appelé vulgairement caillou, est fait d'une matière *solide, insoluble,* de couleur *jaune-brun* à l'extérieur; *résistante, dure, compacte,* se divisant par fragments *minces* et *tranchants ; faisant feu au briquet ; lisse* et *lui-*

sante dans la cassure, *translucide*; un peu *fauve* à l'intérieur, un peu *laiteuse* vers les bords.

En lisant les caractères que nous venons de résumer, toute personne connaissant la minéralogie vous dira : « Le minéral dont vous venez de désigner les caractères est ce qu'on appelle un *silex*. »

Avant l'invention des allumettes chimiques, le caillou de silex était très précieux par sa qualité de faire jaillir des étincelles. On s'en servait pour se procurer du feu, en choquant les angles du silex avec un petit morceau de fer appelé *briquet;* cela s'appelait *battre le briquet*. Les étincelles, en tombant, touchaient un morceau d'amadou que l'on tenait pressé contre la pierre ; l'amadou s'enflammait, et le feu était produit.

QUESTIONNAIRE.

Comment peut-on reconnaître chaque espèce de minéraux? — Chaque minéral a-t-il plusieurs caractères? — En est-il qu'on peut observer facilement? — L'aspect de la surface d'un minéral est-il un caractère important? — Peut-il arriver que la surface d'un minéral soit changée de manière à n'avoir plus son aspect ordinaire? — Que faut-il faire pour trouver l'aspect naturel d'un minéral? — Quand dit-on qu'un minéral est *mou?* — *ferme?* — *résistant?* — *fragile?* — A quoi reconnaît-on s'il est *tendre* ou *dur ?* — Citez, comme exemple, des matières usuelles qui aient ces diverses qualités. — Que signifient les mots *friable*, *compacte?* — Citez une matière friable, une matière compacte. — Comment essaye-t-on si une matière fait feu au briquet? — Citez des matières dont la cassure ait ces qualités. — Citez une matière minérale *opaque; transparente; translucide.* — Citez une matière *incolore.* — Rappelez les caractères les plus apparents du *silex.* — Citez un usage du silex résultant de l'un de ses caractères[1].

La cristallisation.

Connaissez-vous le sel de cuisine? oui, certainement. Vous savez fort bien que c'est avec ce *sel* qu'on *sale* la soupe; et vous savez aussi qu'on l'appelle: *sel marin,* parce qu'on le retire des eaux de la mer.

Eh bien, prenez quelques grains de ce sel dans votre main, des plus gros, et examinez bien leur forme. Vous remarquerez que ces grains de sel ont tous la forme de petits *cubes.* Quelques-uns sont écornés, d'autres sont réunis en groupes, mais leur forme de cube reste toujours visible.

Ces petits cubes du sel marin sont ce qu'on appelle des *cristaux.* On donne généralement le

1. Voyez dans le *Manuel* une liste de minéraux (non cristallisés) accompagnée d'observations.

nom de *cristal* à toute portion de matière minérale ayant naturellement une forme de prisme, de pyramide, ou de tout autre solide *terminé par des surfaces planes.*

Remarquez, mes enfants, que personne n'a taillé ni moulé les grains du sel pour leur donner la forme qu'ils ont. C'est la nature elle-même qui les a formés ainsi en cristaux cubiques, pendant que s'évaporait l'eau de mer qui contenait le sel[1], c'est-à-dire dans laquelle le *sel était dissous.* L'eau s'en allant en vapeur, et le sel ne pouvant la suivre, il lui fallut bien rester en place, et passer à l'état solide, qui est son état naturel. C'est alors que, libre de s'arranger selon sa nature, il *cristallisa,* c'est-à-dire prit la forme de cristaux, de ces petits cristaux cubiques, qui sont les grains de sel marin que vous tenez en ce moment dans le creux de votre main.

Vous connaissez encore très bien un autre exemple de cristallisation qui se produit tous les ans. L'hiver, quand le froid devient très-fort, l'eau gèle, et forme des cristaux de glace en prismes obliques. L'eau des nuages qui flot-

1. Voyez *Histoire naturelle,* 2e année préparatoire.

tent là-haut gèle de même, elle devient solide, elle cristallise, et forme cette blanche neige dont chaque flocon est un charmant petit cristal en étoile, ou des groupes de cristaux étoilés, enchevêtrés les uns dans les autres. Ces formes régulières que l'eau prend ainsi d'elle-même en devenant solide, sont encore une cristallisation.

Il y a un grand nombre de minéraux que l'on trouve cristallisés naturellement dans le sein de la terre, ou dans les fentes des rochers. Quelquefois les cristaux sont *isolés* : le plus souvent ils sont *groupés* en nombre plus ou moins considérable.

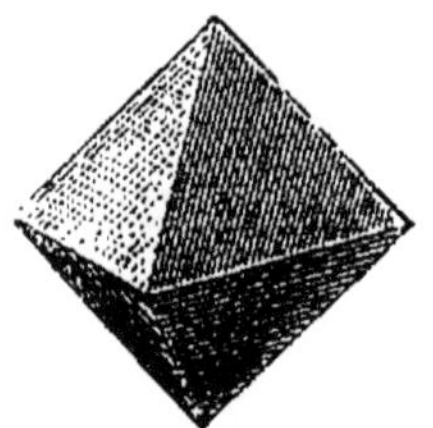

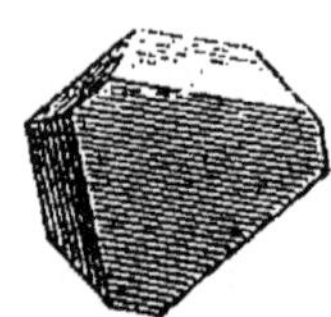

Cristaux isolés.

Enfin les cristaux sont quelquefois tellement enchevêtrés les uns dans les autres qu'on peut à peine les distinguer. Dans ce cas on dit que la cristallisation est *confuse*, c'est-à-dire difficile à discerner.

Chaque espèce de minéral a sa manière particulière de cristalliser : les uns font leurs cristaux cubiques comme le sel ; d'autres les ont

Cristaux groupés.

en forme de prismes semblables à ceux du sucre candi ; certains minéraux cristallisent en pyra-

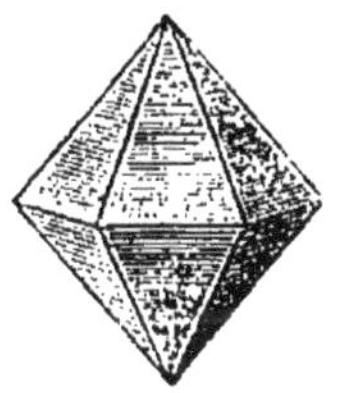

Cristal en pyramide double.

mides, d'autres en forme d'aiguilles, d'autres ressemblent à des bouchons de flacons taillés à facettes. Les différentes espèces de minéraux se reconnaissent facilement à la forme de leurs cristaux. La cristallisation est donc encore un de leurs caractères, et ce caractère est très important.

Enfin il est des minéraux qui se trouvent

Cristaux d'épidote (en aiguilles).

tantôt cristallisés, tantôt en masses informes comme les cailloux.

QUESTIONNAIRE.

Qu'appelle-t-on un *cristal?* — Pour qu'un morceau d'un minéral soit appelé un cristal, est-il nécessaire qu'il soit transparent? — Quand dit-on qu'une matière est *cristallisée?* — Qu'est-ce que la *cristallisation?* — Citez deux matières cristallisées. — Quelle est la forme d'un cristal de sel marin? — Est-ce d'elle-même qu'une matière prend la forme de cristaux? — Quand dit-on qu'un cristal est *isolé?* — Les cristaux sont-ils le plus souvent groupés les uns avec les autres? — Quand dit-on que la cristallisation d'un minéral est *confuse?* — Chaque espèce de minéral a-t-il une manière spéciale de cristalliser? — La cristallisation d'un minéral est-elle un caractère important? — Les mêmes matières minérales peuvent-elles se trouver, tantôt cristallisées, tantôt en masse informe? — Observer et décrire la cristallisation de quelques minéraux communs sur échantillons cristallins[1].

Description de quelques espèces minérales.

Maintenant que vous avez compris comment on peut observer les caractères d'un minéral, reconnaître son espèce et le décrire, nous allons étudier quelques minéraux intéressants.

Le quartz.

Dans les fentes ou les cavités de certaines roches très dures, on trouve souvent un joli minéral parfaitement cristallisé, ordinairement

1. Voyez le *Manuel.*

transparent ou blanchâtre, et quelquefois orné de vives couleurs. Quand les cristaux de ce minéral sont séparés, ils ont la forme de prismes

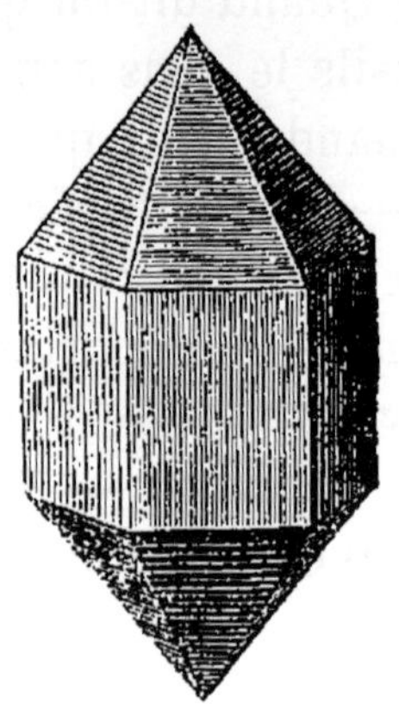

Cristal de quartz (isolé).

terminés par des pointes ou pyramides : vous en voyez un représenté ici.

Mais le plus souvent les cristaux de ce minéral se tiennent et s'enchevêtrent les uns dans les autres, à ce point que l'on n'aperçoit plus que l'extrémité des petites pyramides aiguës qui les terminent. Ces cristaux-là rayent le verre, et font feu au briquet, ce qui prouve qu'ils sont plus durs que le verre et l'acier. Quand on les brise, leur cassure est nette, lisse et brillante comme un morceau de verre. Ce minéral qu'on appelait autrefois *cristal de roche*, à cause de sa provenance, est appelé par les savants d'un nom assez difficile à prononcer, le nom de *quartz* (prononcez : quouartz.)

Mais le quartz n'est pas toujours cristallisé. On en trouve de grosses masses également blanchâtres et translucides, dont la cassure est brillante, mais qui n'ont cependant aucune forme cristalline. Dans ce cas, il est difficile de reconnaître l'espèce du minéral. Enfin le quartz est parfois réduit en petits grains, formant un très beau *sable* blanc ou jaunâtre. Nous verrons bientôt comment le quartz s'est trouvé réduit en grains de sable.

Il existe une variété de quartz extrêmement commune, que l'on trouve en morceaux plus ou moins gros, translucides, jaunes, gris, ou bruns et un peu ternes dans la cassure. C'est justement ce minéral que nous avons trouvé, s'il vous en souvient, dans le lit du ruisseau sous forme de petit caillou, et auquel nous avons donné le nom propre de *silex*. Parfois un bloc de silex, au lieu d'être compacte, se trouve percé d'une multitude de trous, et ressemble de couleur et d'aspect à une éponge grossière; on s'en sert pour faire des meules de moulin; et on appelle ce silex : *pierre meulière.*

Enfin il y a d'autres variétés de quartz qui

ressemblent beaucoup au *silex*, mais ces espèces sont plus fines, plus belles, plus transparentes. Leur cassure présente intérieurement comme un enroulement de soies filées de diverses couleurs ; on appelle ces quartz : des *agates*. On en fait des bijoux, des ornements et de belles billes avec lesquelles vous jouez, et que vous appelez : *billes d'agate*.

Ici, faisons une remarque. D'où vient que le quartz cristallisé, le silex, l'agate, se montrent sous différentes couleurs ?

Cela vient, chers enfants, de ce que la matière du quartz n'a pas de couleur par elle-même, et qu'elle prend celle des matières avec lesquelles elle se trouve mélangée. Quand vous voyez une cravate rouge, bleue, verte, vous savez très bien que ces belles couleurs ne sont pas les couleurs mêmes de la matière de coton ou de laine dont la cravate est tissée. Cette laine ou ce coton dans son état naturel était à peu près blanc ; on l'a teint, c'est-à-dire on l'a trempé dans un liquide coloré, appelé teinture, qui lui a donné sa couleur.

Il en est de même pour le quartz et pour beaucoup d'autres minéraux qui n'ont pas de couleur par eux-mêmes. Ils ne sont pas teints par le teinturier, mais ils sont pour ainsi dire teints naturellement par leur mélange avec des matières de diverses couleurs, qui se trouvaient dans leur voisinage à l'époque où ces minéraux se sont formés. Ainsi certaines pierres de quartz sont jaunes, parce qu'elles sont mélangées d'une petite quantité de *rouille de fer* qui, vous le savez, est jaune. D'autres pierres de quartz ont une teinte verte, parce qu'elles sont mêlées à une petite quantité d'une substance semblable au *vert-de-gris*, qui est la rouille du cuivre.

QUESTIONNAIRE.

Quelle est la forme et l'apparence du quartz cristallisé en cristaux isolés? — en groupe de cristaux? — Quelle est sa cassure? — Est-il transparent ou opaque? — tendre ou dur? — A quoi reconnaît-on sa dureté? — Le quartz est-il toujours cristallisé? — Se trouve-t-il en blocs translucides? en *sable?* — Le silex est-il une espèce de quartz? — Qu'est-ce que la *pierre meulière?* — Qu'est-ce que l'*agate?* — Que signifie le mot *rubané* en parlant d'une agate? — Pourquoi le même minéral n'a-t-il pas toujours la même couleur? — Un minéral peut-il être comme teint par une petite quantité d'une matière colorée qui s'y trouve mêlée? — Citez une matière qui colore souvent en jaune rouge les minéraux auxquels elle est mêlée. — Observer les caractères de quelques minéraux communs[1].

1. Voyez le *Manuel*.

Le mica et le feldspath.

Si vous observez certaines espèces de granit vous y remarquerez facilement des parcelles brillantes qui étincellent au soleil. Par endroits ces parcelles sont assez larges pour qu'on puisse les détacher avec la pointe d'un canif. Elles se lèvent en petites plaques qui, lorsqu'elles sont épaisses, peuvent être divisées en une infinité de lames ou feuillets nacrés tellement minces, qu'un souffle les emporte. Le joli minéral qui cristallise ainsi en lames brillantes, c'est le *mica.*

Il y a du mica blanc comme l'argent ; d'autre d'un magnifique jaune, brillant comme l'or. Il y a d'autre mica brun et d'autre noir. C'est avec le mica réduit en poudre qu'on fait les sables dorés qui servent à sécher l'écriture, et qu'on appelle *poudre d'or*. Dans certains endroits on trouve de très larges plaques de mica qui s'enlèvent en grandes feuilles, et se divisent en feuilles minces admirablement transparentes, flexibles, qui peuvent se plier sans se rompre. Il y en a même de si larges, que l'on en fait des vitres dans certains pays, notamment en Russie.

Vous n'avez probablement pas vu de mica en feuilles; et cependant, supposons qu'on vous présente un fragment de minéral brillant, translucide, blanc ou jaune, brun ou noir. Vous frappez ce minéral pour en observer la cassure, et vous trouvez qu'il se divise en lames flexibles. Vous rappelant aussitôt ce que nous venons de vous apprendre, vous pouvez dire sans hésiter : « ce minéral est du mica. »

Maintenant voici une autre pierre un peu moins translucide, blanche, teintée en jaune, rose, ou gris. Vous cassez cette pierre pour en observer la cassure, et vous découvrez qu'elle se fend de manière à former par endroits des surfaces planes, un peu brillantes, mais moins que le quartz et le mica. Cette pierre ne vous paraît avoir rien de remarquable; pourtant elle a des caractères auxquels un savant reconnaîtrait une matière minérale très-importante, formant à elle seule, ou mêlée avec d'autres minéraux, d'immenses rochers, des montagnes, et le sol même de vastes contrées. On donne à ce minéral le nom de : *feldspath*. Quoique ce nom soit encore difficile à prononcer, il faut le retenir.

L'un des caractères les plus remarquables du

feldspath, c'est que parfois, lorsqu'il est exposé à l'action de l'air et de la pluie, sa surface se décompose et s'en va en poussière. La pluie entraîne cette poussière; le vent l'emporte, et à la suite d'un très longtemps le plus énorme bloc de feldspath a disparu. Une montagne qui se dissout à l'eau, n'est-ce pas une chose étonnante?

Vous comprenez, chers enfants, que la matière qui formait cette montagne n'est pas anéantie. Elle a seulement été réduite en poussière par la double action de l'air et de la pluie; et cette poussière a été dispersée. Mais comme le limon qui se dépose au fond des ruisseaux, la poussière du feldspath finit par se déposer aussi, et forme au fond des eaux des couches d'une matière que vous connaissez très bien, et qui s'appelle l'*argile*.

Puisque vous connaissez les caractères de l'argile vous pouvez en faire la description. «L'argile, direz-vous, est une poussière minérale extrêmement fine, grasse au toucher, qui forme une pâte quand elle est délayée avec de l'eau, reste liée en masse en séchant, mais s'écrase facilement, et redevient poussière.»

L'argile, pétrie avec de l'eau, prend la forme

qu'on lui donne ; aussi les sculpteurs s'en servent pour modeler leurs ouvrages.

On fabrique également avec l'argile des briques et des vases de toutes sortes, que l'on fait sécher d'abord à l'air, puis cuire au four pour leur donner plus de solidité. Rappelez-vous le vase d'argile de notre première année (*Histoire naturelle*, page 90).

Plus l'argile est pure, plus la poterie fabriquée avec cette argile est fine et belle. La plus pure des argiles est celle dont on fait la porcelaine. On l'appelle *kaolin*.

L'argile la plus pure est blanche, l'argile moins pure est colorée en jaune, en gris, en vert-bleuâtre, ou en brun.

QUESTIONNAIRE.

Comment nomme-t-on le minéral qui forme les paillettes étincelantes qu'on aperçoit dans le granit? — Quelle couleur le mica a-t-il le plus souvent? — Qu'est-ce que ce minéral a de remarquable? — Y a-t-il du mica se divisant en larges feuilles? — Quel usage peut-on en faire alors? — Quelles sont les couleurs les plus habituelles du feldspath? — Ce minéral est-il aussi éclatant que le quartz ? — Qu'est-ce que le feldspath a de particulier? — Que devient le feldspath quand il a été décomposé, réduit en poussière? — Rappelez les caractères de l'argile, et quelques-uns de ses usages. — Quelle est la couleur de l'argile parfaitement pure? — L'argile commune est-elle ordinairement colorée?

— Comment nomme-t-on les petits grains qui sont les débris du quartz? — Et ceux qui sont les débris du feld-spath?

Observer et décrire les caractères les plus apparents de quelques minéraux vulgaires[1].

Les minerais calcaires. — Spath d'Islande.

On trouve en certains pays un minéral calcaire, cristallisé en prismes obliques, et composant de gros blocs transparents. Si d'un coup de marteau on brise ce minéral, tous ses fragments, même les plus petits, sont des prismes obliques semblables au bloc principal. Vous en voyez un dessiné ici. On nomme ce minéral *spath d'Islande*; ce dernier mot indique que le spath dont il s'agit est très commun dans l'île d'Islande. Le spath d'Islande est une pierre *calcaire*, c'est-à-dire qui peut être changée en *chaux* par l'action du feu. Nous vous avons déjà raconté comment on *cuit la chaux*. Il y a beaucoup d'autres espèces de pierres calcaires, appelées vulgairement *pierres à chaux*.

Vous connaissez parfaitement la *craie*. C'est une pierre blanche, un peu rude au toucher,

1 Voyez le *Manuel*.

s'écrasant sous le doigt. La craie est aussi une pierre calcaire. C'est avec de la craie bien pure, réduite en poussière, délayée dans de l'eau, puis séchée, qu'on fait les *crayons blancs* pour

Cristal de spath d'Islande.

écrire au tableau noir, et les pains de *blanc d'Espagne* pour nettoyer l'argenterie.

Il y a aussi une craie jaunâtre, grise, ou verdâtre, qui est plus ferme, et peut servir de pierre à bâtir. On l'appelle *moëllon* ou *pierre de taille.*

Le *marbre* est un minéral de la même nature que la craie, mais beaucoup plus dur.

Il y a des marbres de toutes les couleurs. La

coloration des marbres tient à la même cause que celle des quartz : dans leur matière calcaire, blanche par elle-même, il s'est trouvé une petite quantité d'autres matières colorées qui ont donné leur couleur au marbre. Si cette matière est de la rouille de fer, le marbre a une couleur jaune-rouge, si c'est du cuivre, le marbre est mélangé de vert. Comme les matières qui colorent le marbre ne s'y trouvent pas mêlées également partout, il en résulte des endroits plus clairs, d'autres plus foncés, d'autres tout à fait blancs, formant des taches, des lignes irrégulièrement disposées qu'on appelle les *veines du marbre*. Vous pourrez observer ces veines en regardant le marbre d'une cheminée. Remarquez que les marbres ne sont pas naturellement lisses et brillants. Leur cassure est terne et rude; mais comme cette pierre est compacte on peut la polir, et alors ses jolies couleurs, ses veines se montrent beaucoup plus vives.

Toutes ces différentes variétés de minéraux calcaires peuvent être changés en chaux par l'action du feu, de la manière que vous savez; car, ne l'oubliez pas, toutes ces espèces : le spath d'Islande, la craie, le moellon, la pierre de taille, le marbre, sont au fond de la matière *calcaire*, tantôt cristallisée, tantôt en masse confuse ; parfois tendre et friable, d'autres fois dure, compacte, et *recevant le poli*.

Rapprochons des pierres calcaires un autre minéral appelé : pierre à plâtre, bien connu sous ce nom par l'usage qu'on en fait dans les constructions. Le vrai nom de la pierre à plâtre est *gypse*. Le gypse ressemble un peu à la craie. On le trouve en masse tendre, à cassure grenue. On trouve aussi du gypse cristallisé sous forme de prismes obliques jaunâtres, transparents, et se divisant en jolies plaques minces et transparentes. C'est cette sorte de gypse qui est appelée vulgairement : pierre à Jésus.

Les endroits du sol où se trouvent en quantité les pierres et les sables, et d'où on les extrait pour les travailler, s'appellent des *carrières*.

QUESTIONNAIRE.

Rappelez la signification du mot *calcaire*. — Le calcaire se trouve-t-il quelquefois cristallisé? — Quelle est la forme la plus ordinaire d'un calcaire cristallisé? — Ce minéral est-il transparent ou opaque? — Décrivez les caractères les plus apparents de la *craie*. — La craie est-elle un calcaire? — Certaines variétés de craie sont-elles assez fermes pour servir de pierre à bâtir? — Quelles sont les couleurs les plus ordinaires de la craie? — Le marbre est-il un calcaire? — En quoi diffère-t-il de la craie? — Quel aspect présente la cassure du marbre? — Quelle est la cause de la coloration des marbres? — Pourquoi les couleurs sont-elles irrégulièrement disposées en forme de veines dans les marbres? — Quelle opération faut-il faire subir au marbre pour en faire ressortir les belles couleurs? — Toutes les pierres calcaires peuvent-elles être changées en chaux? — Quel est le vrai nom de la pierre à plâtre? — Quel est l'aspect et la dureté du gypse non cristallisé? — Cette même matière se rencontre-t-elle souvent cristallisée? — Quel est alors son aspect? — Quel caractère remarquable a le gypse cristallisé?

La houille, le soufre, le sel.

Vous connaissez la *houille*, chers enfants, puisque la houille est ce qu'on appelle : *charbon de terre*. Vous en avez certainement des morceaux sous la main. Donc nous ne vous décrirons pas ce minéral. C'est vous, au contraire qui, suivant la méthode que nous avons employée pour le silex, nous en ferez la description. « La houille, direz-vous, est noire, dure, à cassure oblique, lisse, luisante. Ce minéral mis dans le feu s'enflamme en dégageant de la lumière, de la chaleur, et des substances huileuses qui bouillonnent en répandant une odeur particulière. »

Coupe d'une mine, de houille, avec ses escaliers et ses galeries souterraines.

Vous savez en outre qu'on extrait la houille des profondeurs de la terre, où on la trouve entourée de rochers de toute sorte. C'est seulement parce que la houille se trouve dans la terre qu'on l'appelle *combustible minéral,* car elle n'est pas une matière vraiment minérale dans le sens ordinaire du mot, c'est-à-dire appartenant uniquement à la série des êtres inorganiques. La houille est composée de végétaux qui ont vécu à la surface de la terre il y a des siècles. Nous vous apprendrons un jour cette curieuse histoire du charbon de terre. Les trous profonds creusés dans la terre pour en retirer la houille, s'appellent, vous le savez, des *mines.*

Vous serez bien étonnés d'apprendre, chers enfants, que la substance noire de vos crayons, cette substance luisante, lisse, friable, tachant les doigts, appelée mine de plomb, et dont le vrai nom est *graphite,* est la même matière que celle des beaux *diamants* plus transparents que l'eau, et brillants à la lumière comme une flamme. Cette matière commune du graphite et du diamant, c'est le *charbon.* Seulement le graphite est du charbon mélangé à d'autres matières, et le diamant est du charbon pur, ou comme disent les savants, du *carbone cristallisé.*

Mais laissons les minéraux formés de *carbone*. L'année prochaine nous vous dirons sur leur compte une foule de choses intéressantes et curieuses.

Voyez maintenant cet autre minéral. Il nous a été apporté par un voyageur qui a parcouru les environs d'un volcan. Qu'est-ce que ce minéral ? A quelle espèce appartient-il ?

Pour répondre à ces questions, observons d'abord les caractères du minéral. C'est une matière jaune à reflets verdâtres, luisante, translucide, cristallisée très distinctement. D'un léger coup nous brisons ce minéral, et cela nous apprend qu'il est tendre, friable, se réduisant facilement en une poudre jaune. Mettons une pincée de cette poudre dans l'eau. Elle ne se dissout pas : ce minéral est donc insoluble dans l'eau. Mettons-en un fragment sur le feu. Aussitôt il fond, *prend feu*, et brûle en jetant une petite flamme bleue. Donc ce minéral est fusible et très combustible. Mais quelle odeur a-t-il répandue en brûlant ? Cette odeur est très forte, suffoquante, elle nous fait tousser. Ah ! nous la reconnaissons très bien : c'est l'odeur que répandent les allumettes soufrées.... Ce minéral est un morceau de *soufre*.

Le soufre, en effet, se rencontre dans le voisinage des volcans, où on le trouve cristallisé en petits fragments mélangés de terre. Il existe aussi des mines de soufre. On emploie le soufre à un grand nombre d'usages. Le plus commun est la fabrication des allumettes; mais il y en a beaucoup d'autres dans l'industrie. Nous les apprendrons plus tard.

Voici un autre minéral; quel est-il, et quelle est son espèce? Ce minéral est transparent, il présente des surfaces lisses, et ressemble, au premier coup d'œil, à un morceau de glace un peu terne. Seulement il n'est pas glacial au toucher, et ne fond pas à la chaleur de la main. Toutefois, si le temps est pluvieux, sa surface devient légèrement humide. D'un coup un peu fort nous le brisons : sa cassure est nette, et nous observons qu'elle forme par endroits d'assez larges surfaces, planes et luisantes.

Essayons de reconnaître, comme nous avons fait pour le *soufre*, si cette matière est combustible? Un petit fragment jeté sur des charbons enflammés ne fond pas, il éclate et se divise en faisant entendre des pétillements. Ce minéral n'est donc pas combustible. Mettons-en un fragment dans un verre d'eau : il se dissout, par conséquent il est soluble dans l'eau. Quel est donc ce minéral *solide, incolore, transparent, fragile,* formant des surfaces *planes* et *lisses* à la cassure, *pétillant* au feu, *soluble* dans l'eau? Vous n'en savez rien encore. Faites une dernière expérience; touchez ce minéral du bout de votre langue et aussitôt vous vous écrierez : « C'est du sel! »

Effectivement, c'est du sel. Ce n'est pas le sel marin que nous avons déjà examiné, et qui forme de petits cristaux cubiques? Celui-ci cristallise d'une manière confuse et difficile à distinguer, mais il n'en est pas moins du sel. Nous avons déjà parlé de cette espèce l'année dernière. Nous vous avons dit qu'on le trouve en grandes masses dans le sein de la terre. C'est du *sel gemme* (ou sel pierre).

On trouve encore dans les roches plusieurs autres espèces de minéraux dont l'aspect est à peu près semblable à celui du sel, et qu'on appelle à cause de cette ressemblance : *des sels,* quoiqu'ils soient d'une nature très différente. Nous étudierons l'année prochaine le plus curieux de ces minéraux, celui qu'on appelle : *sel de nitre,* ou *salpêtre.*

QUESTIONNAIRE.

Décrivez de mémoire l'aspect et les caractères les plus apparents de la *houille*. — Pourquoi la houille est-elle appelée un combustible minéral? — La houille est-elle véritablement une matière *minérale?* — Quel est le vrai nom de la *mine à crayons?* — A quel caractère reconnaissez-vous le graphite?

Le diamant et le graphite sont-ils réellement de même matière que le charbon? — Quel nom les savants donnent-ils à la matière du charbon, du diamant et du graphite? — Qu'est-ce que le diamant a de particulier, comparé aux deux autres minéraux? — Décrivez les caractères les plus apparents du soufre cristallisé. — Où trouve-t-on le soufre tout formé? — Comment sait-on si une matière est ou non soluble dans l'eau? si elle est combustible? — A quel signe peut-on facilement reconnaître le soufre? — A quelles matières ressemble le sel gemme? — Qu'est-ce que sa cassure a de remarquable? — Qu'arrive-t-il si on met sur les charbons ardents un fragment de sel? — Décrivez brièvement les caractères du sel gemme. — En quoi diffère-t-il du sel que l'on emploie dans nos cuisines? — Y a-t-il d'autres minéraux solubles et ressemblant au sel marin? — Quel nom leur donne-t-on pour rappeler cette ressemblance? — Citez un de ces *sels*.

Les minerais.

Occupons-nous maintenant des minéraux mélangés appelés *minerais*, et qui renferment es métaux utiles que l'on a trouvé le moyen d'en séparer par l'action du feu. Remarquez bien la différence de ces deux mots : *minéral*, et *minerai*. Toute matière non organisée est un *minéral;* mais parmi les minéraux ceux qui contiennent un métal sont seuls appelés *minerais*.

Il existe dans le sein de la terre un grand nombre de minerais ; nous ne parlerons cette année que de ceux qu'il nous est le plus facile d'étudier parce qu'ils vous sont connus, et qu'ils nous fournissent les métaux le plus souvent employés dans les usages de la vie. Tels sont le fer, le cuivre, l'étain, le zinc, le plomb, l'or et l'argent.

Vous trouverez peut-être étonnant que nous ne placions pas l'or et l'argent au premier rang des métaux. Ils sont en effet les plus beaux et les plus brillants entre tous. On en fait les plus beaux bijoux ; et on les emploie comme monnaie dans les achats et paiements de toute sorte. Mais s'ils sont les plus beaux des métaux, ils sont par eux-mêmes les moins utiles, parce qu'ils sont peu résistants. L'or et l'argent feraient de mauvais socs de charrue, de mauvais marteaux, des scies qui ne scieraient pas, des clous qui ne tiendraient pas. Pour tous les usages des diverses industries, c'est le fer qui est le plus précieux des métaux.

Les endroits souterrains où se trouvent les minerais s'appellent : *mines*, *filons* ou *veines*. Parfois les métaux s'y trouvent à l'état pur, sans mélange d'autres matières, et prêts à être fondus ou forgés. C'est à l'état pur que l'or se trouve presque toujours. Dans certains pays, la terre et le sable sont mêlés de petites parcelles jaunes, brillantes, qui sont de l'or tout pur. Il ne s'agit que de le recueillir, et de séparer l'or des grains de terre. Pour cela on emploie plusieurs moyens que nous vous dirons un autre jour. Un métal que l'on trouve ainsi à l'état pur, et sans aucun mélange, est appelé métal *natif*. On trouve aussi de l'argent, du cuivre, du fer à l'état natif, c'est-à-dire pur de tout mélange.

Mais généralement les métaux sont associés avec une ou deux autres matières, et si intimement, que le minerai produit par cette association ne ressemble plus du tout, ou presque plus, au métal qui s'y trouve contenu. C'est une véritable combinaison[1].

1. Voyez *Notions d'hygiène, de physique et de chimie*, période élémentaire, page 127.

Pour retirer un métal du minerai et des substances auxquelles il est *allié,* il faut *traiter* le minerai, c'est-à-dire le travailler par le feu, comme nous vous l'avons déjà expliqué à propos du fer.

L'une des matières qui se trouve le plus souvent combinée avec les métaux dans les minerais, c'est le *soufre.* Le moyen qu'on emploie pour séparer le soufre du métal est très simple. On place le minerai dans un grand feu. Comme le soufre est combustible, il s'allume, se dissipe dans l'air en flamme et en fumée, et le métal en est débarrassé. Cette opération s'appelle : *griller le minerai.* Allié au soufre, le métal serait de mauvaise qualité, cassant. Une fois le soufre brûlé, le métal reste seul, pur, et facile à travailler.

Griller le minerai vous semble très-simple et très facile n'est-ce pas? vous saurez cependant que cette opération est difficile à bien faire, et coûte beaucoup de travail.

Il existe un grand nombre de minerais où le métal est combiné avec le soufre ; ces minerais prennent le titre de *sulfurés,* et présentent des variétés de cristallisation très intéressantes.

Il y a d'abord le *cuivre sulfuré,* qui est gris

terne, ou jaunâtre, l'*argent sulfuré*, d'un gris foncé peu agréable. Le *plomb sulfuré* qui, au contraire, est un très beau minéral, admirablement cristallisé en petits cubes d'un beau gris brillant comme de l'acier poli. Si on écrase le minerai de plomb sulfuré, tous les fragments sont autant de petits cubes.

Le *zinc sulfuré* est un minéral jaune ou brun.

Le *fer sulfuré* est appelé aussi *pyrite*, nom grec qui signifie *pierre à feu*, parce qu'il fait très-bien feu au briquet. Il y a du fer sulfuré de deux espèces. Le plus beau a des cristaux en forme de cubes d'un magnifique jaune d'or, et brillants, ce qui les ferait prendre à première vue pour de l'or véritable. Ces cristaux sont excessivement durs, ils font feu au briquet. On en trouve très-souvent dans les couches d'ardoise. L'autre variété de fer sulfuré est beaucoup moins jolie, terne, d'un jaune pâle, et se rouille facilement à l'air humide.

QUESTIONNAIRE.

Quelle différence y a-t-il entre les significations de ces deux mots : *minéral* et *minerai*? — Tous les minerais sont-ils des minéraux ? — Tous les minéraux sont-ils des minerais ? — Les métaux se trouvent-ils parfois tout formés ? — Quel nom leur donne-t-on alors ? — Citez un métal qui se rencontre presque toujours à l'état natif. — Quel est l'aspect de l'or natif?—Comment les métaux se trouvent-ils le plus souvent? — Que signifie le mot *combiné?* — Qu'est-ce que *traiter* un minerai? — Citez une matière qui est très souvent combinée avec les métaux. — Comment le soufre contenu dans un minerai peut-il en être séparé? — Comment se nomme cette opération? — L'opération est-elle aussi simple et aussi facile qu'on le croirait au premier abord?

Comment nomme-t-on un minerai composé de soufre et de fer? — de soufre et de cuivre? — de soufre et de zinc? — Qu'est-ce que du *plomb sulfuré?* — de l'*argent sulfuré?* — du *zinc sulfuré?* — Quelle est la couleur du *cuivre sulfuré?* — de l'*argent sulfuré?* — du *zinc sulfuré?* — Qu'est-ce que le plomb sulfuré a de remarquable? — Quel autre nom donne-t-on aussi au fer sulfuré? — Que signifie le mot *pyrite?* — Quelle est la forme, quelle est la couleur de la plus jolie variété de fer sulfuré? — Où se trouve-t-elle fréquemment? — Quel est l'aspect de l'autre variété? — Que lui arrive-t-il quand elle reste exposée à l'air humide?

Les minerais (suite).

Il existe encore d'autres minerais très utiles, qui sont formés par l'alliage du métal avec d'autres minéraux. Ainsi les meilleurs des minerais de fer, ceux dont on extrait principalement le fer que l'on emploie, ne contiennent pas ou contiennent très peu de soufre. Ils ressemblent à des pierres tantôt couleur de rouille, tantôt gris foncé. Vous connaissez très bien la couleur de la rouille; vous en avez vu sur les vieux barreaux de fer restés longtemps exposés à l'air et à l'humidité. Quant à l'autre sorte de minerai gris foncé, il ressemble à ces écailles grisâtres que le forgeron détache du fer quand il le bat sur l'enclume.

Il y a également des minerais de cuivre sans soufre. Ceux-là sont assez semblables par leur aspect et leur nature au *vert-de-gris*, qui est la *rouille du cuivre*. Il y a du minerai d'*étain*, qui est une sorte de rouille d'étain de couleur brune; et du minerai de *zinc*, contenant une rouille de zinc d'un blanc grisâtre.

Comme ces minerais sont plus ou moins durs, il faut, pour en extraire le métal, les chauffer plus ou moins fort, suivant leur nature.

Pour finir nous allons vous indiquer un caractère auquel vous pourrez juger, sans le secours d'aucun autre instrument que votre main, si un minéral que vous ne connaissez pas est un minerai, c'est-à-dire s'il contient du métal. Un métal, quelle que soit son espèce, est toujours plus pesant qu'une simple pierre. Pesez donc dans vos deux mains en même temps le minéral dont il s'agit, et une pierre de même grosseur; et tâchez de vous rendre compte de la différence de leur poids. Il est évident que si ce minéral est un minerai de fer, de cuivre ou de plomb, il pèsera plus qu'une pierre, à volume égal.

QUESTIONNAIRE.

Tous les minerais sont-ils composés de métal et de soufre? — Quel est l'aspect, la couleur des minerais de fer les plus employés? — A quoi peut-on les comparer? — Y a-t-il des minerais de cuivre verts ou bleus? — A quoi les comparons-nous? — Quelle est la couleur du minerai d'étain? — du minerai de zinc *non sulfuré?* — Quel est le moyen général pour extraire le métal de ces divers minerais? — Y a-t-il un grand nombre de minerais? — Quel est le caractère qui permet le plus souvent de reconnaître si un minéral contient une quantité un peu forte d'un métal? — Pourquoi les minerais sont-ils ordinairement plus lourds que les autres minéraux, *à volume égal?*

LES ROCHES.

Ce que c'est qu'une roche.

On appelle *roches* certaines espèces minérales répandues en masses énormes sur différents points de la terre. Toutes les roches sont formées de minéraux; mais tous les minéraux ne forment pas des roches. Ainsi l'or, l'argent, le diamant ne se trouvent jamais en grandes masses, et par conséquent ne forment jamais de roches, puisqu'une substance minérale n'est appelée *roche* que lorsqu'elle se trouve en masses tantôt grosses comme des montagnes, tantôt formant le sous-sol de toute une étendue de pays. Ainsi la craie est une roche, car il y a des montagnes de craie; et le sous-sol de très vastes étendues de pays est formé de craie. L'argile est une roche, puisqu'elle existe sur la terre en quantités immenses, et forme le sol de vastes territoires. — Quoi, direz-vous, cette argile qui forme une bouillie quand elle est mouillée, et tombe si facilement en poussière quand elle est sèche, cette argile est une roche? — Oui, chers enfants; certaines roches sont très dures, mais toutes ne le sont pas, témoin la craie et l'argile qui sont des roches excessivement friables, et faciles à réduire en pâte avec de l'eau.

QUESTIONNAIRE.

Quand un minéral doit-il être appelé une *roche?* — Le minerai de cuivre, d'étain, l'or, l'argent doivent-ils être appelés des roches? — Pourquoi? — La craie forme-t-elle une roche? — L'argile est-elle une roche? — Pourquoi?

Les roches granitiques.

La craie forme une roche à elle seule; l'argile également. Mais il y a des roches formées de deux ou trois espèces de minéraux entremêlés; non pas combinés, entremêlés seulement. Pour vous en convaincre prenez par exemple du *granit*. Souvent les tailleurs de pierre en font des seuils de portes, et vous pourriez vous en procurer un morceau. En regardant le morceau de granit avec attention, vous observez qu'il est formé de petits grains de différentes couleurs. Les uns étincelants, tantôt argentés, tantôt d'un beau noir, se laissent enlever à la pointe d'une aiguille en petits feuillets excessivement minces; ce sont des parcelles de mica. D'autres grains transparents, un peu gris, sont des grains de quartz. Enfin d'autres parties de votre morceau de granit, d'une matière moins brillante, blanche, rosée ou jaunâtre, sont du feldspath. Le mica, le quartz, le feldspath, nous avons déjà parlé de ces trois minéraux-là.

Le granit est donc une roche composée de trois minéraux entremêlés, dont les petits fragments sont comme soudés ensemble. Ils ne sont pas combinés comme les métaux avec le soufre. La combinaison unit tellement les minéraux qu'il est impossible de distinguer le soufre du métal auquel il est allié; tandis que dans le granit nous distinguons parfaitement les trois minéraux dont il se compose, parce qu'ils sont simplement entremêlés. C'est exactement comme un mur construit en deux sortes de pierres, empâtées et cimentées entre elles par une troisième substance qui est le mortier. Telle est la composition du granit. Le quartz et le mica y sont empâtés dans le feldspath qui les cimente, et fait lui-même corps avec eux. Plus les paillettes de mica et les grains de quartz sont fins, plus le granit est fin et beau.

Les roches de granit sont appelées : *roches granitiques*.

Le plateau de Bretagne, le grand plateau central de la France, les montagnes des Pyrénées, des Alpes et des Vosges, ont pour fond des roches granitiques.

QUESTIONNAIRE.

Y a-t-il des roches formées de plusieurs minéraux entremêlés? — De quels minéraux est composé le granit? — Décrivez cette roche. — Expliquez la différence qui existe entre des matières combinées ou alliées, et des matières entremêlées seulement. — Citez des minéraux formés de matières combinées. — Par quelle matière les grains de quartz et les paillettes de mica sont-ils cimentés pour former le granit? — Qu'appelle-t-on *roches granitiques?*

Les roches porphyriques.

Il existe une autre espèce de roche très-belle se rapprochant du granit, mais ne contenant ni quartz ni mica. Cette roche est appelée *porphyre.* Le porphyre est formé uniquement de grains de feldspath, cimentés entre eux par d'autres parties de feldspath. Avez-vous vu les maçons construire des cloisons dans les chambres avec des *briquettes*, ou plaques de plâtre durci, et les cimenter entre elles avec du plâtre frais? Le plâtre frais, en séchant, durcit à son tour, fait corps avec les briquettes, et il en résulte une cloison solide. Les choses se sont passées de même dans la composition des roches de porphyre. Le porphyre est uniquement du feldspath, comme la cloison est uniquement du plâtre.

Il y a des roches de porphyre de plusieurs espèces et de couleurs différentes. Il y a aussi d'autres roches à peu près semblables, et qu'on nomme *roches porphyriques*, comme on nomme roches granitiques les roches de granit, et celles qui leur ressemblent.

Nous avons comparé les roches granitiques à un mur dont les pierres sont cimentées par du mortier, et les roches porphyriques à une cloison de briquettes en plâtre cimentées par du plâtre ; continuons cette comparaison. Lorsqu'un mur est très vieux, que l'air, le vent, les pluies, la chaleur du soleil ont passé dessus tour à tour, il tombe en ruine, s'en va en poussière, et les pierres cessant d'être cimentées, le mur s'écroule ; il n'en reste plus qu'un monceau de décombres. La même chose arrive pour les roches de granit et de porphyre. Nous avons dit que le feldspath exposé à l'air et à l'humidité tombe en poussière. Si donc le feldspath qui cimente les grains de quartz et de mica dont se compose le granit tombe en poussière, les petits grains du quartz et les paillettes du mica cessent d'être cimentées. Ils se détachent comme les pierres du mur qui croule. Les grains de quartz forment alors ce que vous appelez du *sable* ; ceux du feldspath font ce qu'on appelle l'*argile*. Ils sont entraînés par les pluies, et vont former au fond des eaux les bancs de sable et les dépôts d'argile que vous connaissez bien.

QUESTIONNAIRE.

En quoi le *porphyre* diffère-t-il du granit? — De quoi est formé le porphyre? — Qu'appelle-t-on *roches porphyriques?* — Qu'arrive-t-il quand le feldspath qui cimente les grains de quartz et les paillettes de mica des roches granitiques vient à se décomposer? — Que deviennent alors les grains de quartz et de feldspath?

Les roches volcaniques.

Vous n'avez pas oublié, chers enfants, ce qui se passe quand un volcan fait éruption. L'éruption d'un volcan est un phénomène trop beau et trop terrible pour qu'on en perde le souvenir. Vous vous rappelez ces matières fondues, toutes bouillonnantes, qui débordent des cratères, puis s'écoulent sur les pentes de la montagne, se refroidissent, et deviennent des pierres appelées : *laves*.

Voilà donc des roches formées par le feu des volcans! Souvent la masse de la montagne volcanique est elle même formée entièrement de ces laves, de ces cendres, de ces pierres lancées hors du cratère, et retombées à l'entour. C'est alors une montagne élevée par le feu!

Quand les laves sont refroidies, elles sont très-souvent criblées de petits trous, de sorte qu'un fragment de lave a l'aspect d'une éponge grise, jaune, rouge ou brunâtre. Quelquefois même ces petits trous sont si multipliés, que la lave n'est plus qu'une sorte d'écume durcie, et tellement légère que si on en prend un morceau dans sa main on est tout étonné d'en sentir à peine le poids. Cette sorte de lave est ce qu'on appelle de la *pierre ponce.*

Mais il y a aussi des laves qui, une fois refroidies, sont extrêmement dures, compactes, sans le moindre trou, de couleur foncée, et quelquefois presque noires. Ces laves compactes se nomment : *basaltes.*

Enfin il y a d'autres roches produites aussi par les volcans, mais qui, au lieu d'avoir été complétement fondues comme les laves, ont été seulement ramollies par le feu. Ces roches une fois refroidies sont devenues solides, dures, et très rudes au toucher. On les appelle des *trachytes*, mot grec qui signifie : roches rudes.

Les *laves* ordinaires, les *basaltes*, et les *trachytes*, sont appelées *roches volcaniques*, c'est-à-dire, roches formées par des volcans.

QUESTIONNAIRE.

Rappelez ce que c'est que la *lave*. — Quel aspect ont souvent les laves ? — Quelles sont leurs couleurs les plus habituelles ? — Qu'est-ce que la *pierre ponce ?* — Quel caractère remarquable a la pierre ponce ? — Qu'appelle-t-on *basalte ?* — Comment nomme-t-on les roches qui sont sorties des volcans à l'état de fusion pâteuse ? — Que signifie le mot de *trachyte ?* — Quel nom donne-t-on à toutes roches provenant des volcans ?

Les roches de dépôt.

Il y a encore, mes enfants, d'autres roches tenues en dissolution dans les eaux, comme le sucre et le sel sont tenus en dissolution dans un verre d'eau. Ces roches sont de nature calcaire. La matière dont elles sont formées descend peu à peu, et s'amasse au fond des eaux.

Nous avons déjà vu plusieurs fois les limons et les sables se déposer ainsi ; mais la grande différence qui existe entre leurs dépôts et celui des roches calcaires dont nous parlons, c'est que celles-ci ne sont pas, comme l'argile et le sable, des grains plus ou moins fins séparés les uns des autres : elles composent une masse liée, semblable à celle que fait la chaux quand elle a été mêlée avec de l'eau, c'est-à-dire *éteinte*, comme disent les maçons. Les dépôts de cette nature forment des *roches calcaires*, plus ou moins semblables à la *craie* dont nous avons déjà parlé.

Ainsi les *tufs* qui servent quelquefois de pierre à bâtir, et dont les uns sont à grains fins, tandis que les autres ont un aspect rude et grossier, sont des calcaires déposés, semblables à la craie, et plus ou moins friables.

Si, à l'endroit où la matière se dépose, il se trouve des cailloux provenant de roches éboulées, qu'arrive-t-il? Ces cailloux sont empâtés par la matière calcaire qui se dépose, et les cimente entre eux. Les roches ainsi formées de fragments de pierre cimentés après coup, sont appelées des *brèches*. Quand les cailloux cimentés sont petits et de forme arrondie on les appelle des *poudingues*.

Enfin, quand au lieu de cailloux ce sont de petits grains de sable qui ont été cimentés, empâtés ensemble par la matière déposée, la roche qui en résulte se nomme : *grès*.

Remarquez, chers enfants, que la manière dont se forment les roches appelées: tufs, brèches, poudingues, et grès, par l'empâtement et pour ainsi dire la cimentation des cailloux ou des grains de sable, est exactement l'inverse de la manière dont se décomposent les roches granitiques et porphyriques, qui se divisent en sable et en argile. Ainsi dans la nature tout change, se meut, et s'équilibre l'un par l'autre.

Il y a des grès dont les grains sont assez gros, d'autres dont les grains sont très fins. Il y en a de toutes couleurs, principalement des grès blancs, rouges, verts. Les pavés des rues sont en grès très dur. Les meules à repasser les couteaux, les pierres à aiguiser appelées *pierres noires*, sont des grès très fins. En écrasant un morceau de grès quelconque, vous verrez se séparer les petits grains qui le composent. Vous pouvez même, rien qu'en observant un grès avec attention, distinguer les grains, et reconnaître que c'est bien là une *pierre de sable*, comme on dit en certains pays.

La matière qui cimente les grains de sable du grès, les cailloux des brèches et des poudingues, est souvent une matière calcaire; mais quelquefois aussi elle est d'une autre nature.

Enfin il existe d'autres roches formées, soit de grains de sable, soit de parcelles de mica ou d'argile, provenant de granits décomposés, qui ont une disposition tout à fait spéciale. Elles se divisent en plaques d'une certaine dimension, et ces plaques se divisent à leur tour en feuillets de plus en plus minces. Les roches de cette sorte sont appelées des *schistes*. L'ardoise avec laquelle on couvre les maisons, et sur laquelle on fait écrire les petits enfants, est un schiste.

Toutes les roches dont nous venons de parler en dernier lieu, c'est à-dire les tufs, les brèches, les poudingues, les grès, les schistes, et toutes les autres roches formées comme elles, sont appelées : *roches de dépôt.*

QUESTIONNAIRE.

Les eaux contiennent-elles quelquefois des matières calcaires dissoutes? — Quelle différence y a-t-il entre les dépôts formés par les eaux *calcaires* et les dépôts d'argile et de sable? — Qu'arrive-t-il quand ce dépôt se fait sur des cailloux entassés?—Quel nom donne-t-on aux roches formées de cailloux, empâtés dans un ciment déposé? — Quel nom leur donne-t-on quand les cailloux empâtés sont de forme arrondie? — Comment ces cailloux ont-ils été arrondis?— Quand ce sont des grains de sable qui ont été cimentés, comment se nomme la roche ainsi formée? — Comparez cette formation à la décomposition des roches granitiques. — Quel usage fait-on du grès? — Qu'est-ce qu'on appelle un *schiste?* — De quoi est formé le schiste? — Qu'est-ce que l'ardoise? — Quel nom donne-t-on à toutes les roches formées de matières déposées au fond des eaux?

FIN.

TABLE.

RÈGNE ANIMAL.

LA VIE ANIMALE.

DIVISION EN BRANCHES ET CLASSES.

BRANCHE DES VERTÉBRÉS.

CLASSE DES MAMMIFÈRES.

CLASSE DES OISEAUX.

CLASSE DES REPTILES.

CLASSE DES BATRACIENS.

CLASSE DES POISSONS.

BRANCHE DES ARTICULÉS.

CLASSE DES INSECTES.

CLASSE DES ARACHNIDES.

CLASSE DES MYRIAPODES.

CLASSE DES CRUSTACÉS.

CLASSE DES ANNÉLIDES.

BRANCHE DES MOLLUSQUES.

BRANCHE DES RAYONNÉS.

RÈGNE VÉGÉTAL.

FONCTIONS DE NUTRITION.

LES PLANTES SANS FLEURS.

STATION NATURELLE DES PLANTES.

RÈGNE MINÉRAL.

LES ESPÈCES MINÉRALES.

LES ROCHES.

FIN DE LA TABLE.

21 998-78. — Typographie Lahure, rue de Fleurus, 9, à Paris.

COURS D'ÉDUCATION ET D'INSTRUCTION

PAR Mme PAPE-CARPANTIER

A L'USAGE DES ÉCOLES ET DES FAMILLES

Les volumes de ce Cours sont imprimés dans le format grand in-18, contiennent des vignettes intercalées dans le texte et se vendent cartonnés.

CE COURS COMPREND DEUX ANNÉES PRÉPARATOIRES UNE PÉRIODE ÉLÉMENTAIRE ET UNE PÉRIODE MOYENNE

1re ANNÉE PRÉPARATOIRE
(de 5 à 7 ans)

Manuel des maîtres, comprenant : l'exposé des principes de la pédagogie naturelle et le guide de la première année. 2 fr. 50

Enseignement de la lecture, à l'aide du procédé phonomimique de M. Grosselin. 50 c.

Tableaux (30) reproduisant la méthode. 3 fr.

Petites lectures morales; premières notions de grammaire. 50 c.

Premières notions d'arithmétique, de géométrie et du système métrique. 50 c.

Premières notions de géographie et d'histoire naturelle. 75 c.

2e ANNÉE PRÉPARATOIRE
(de 7 à 8 ans)

Manuel des maîtres, comprenant : l'application des principes pédagogiques et le guide pratique de la deuxième année. 2 fr. 50

Lectures morales et instructives; grammaire. 1 vol. 1 fr.

Arithmétique; géométrie; système métrique. 1 fr.

Géographie; premières notions sur quelques phénomènes naturels. 75 c.

Histoire naturelle; leçons préparatoires à l'étude de l'hygiène. 1 fr.

PÉRIODE ÉLÉMENTAIRE
(de 8 à 10 ans)

Manuel des maîtres, guide pratique de la période élementaire. 2 fr. 50

Grammaire, accompagnée d'exercices; **lectures et dictées.** 1 fr. 50

Arithmétique; geométrie; système métrique. 1 fr. 50

Premiers éléments de cosmographie; géographie. 1 vol. 1 fr. 50

Histoire naturelle. 1 fr. 50

Premières notions d'hygiène, de physique et de chimie. 1 fr.

PÉRIODE MOYENNE
(de 10 à 12 ans)

Grammaire, accompagnée de dictées-exercices. 1 fr. 50

Eléments de cosmographie; géographie de l'Europe. 2 fr. 50

Hygiène; physique et chimie. 2 fr.

Arithmétique; système métrique; géométrie; dessin. 2 fr.

Histoire naturelle. En préparation.

2254. — Imprimerie A. Lahure, rue de Fleurus, 9, à Paris.

www.ingramcontent.com/pod-product-compliance
Ingram Content Group UK Ltd.
Pitfield, Milton Keynes, MK11 3LW, UK
UKHW021854190726
13855UKWH00001B/305

9 782013 058988